한자문화와 선인들의 지혜

대학한문

■ 유임하

한국체육대학교 교양과정부 교수
주요 논저로『작가의 신화-한국소설과 이야기의 사회문화사』,『반공주의와 한국문학』,『한국문학과 불교문화』,
『한국소설의 분단이야기』,『북한문학의 지형도』(1·2·3, 공저) 등이 있다.

한자문화와 선인들의 지혜(개정판)
대학한문

© 유임하, 2023
개정판 1쇄 인쇄__2023년 02월 20일
개정판 1쇄 발행__2023년 02월 28일

지은이__유임하
펴낸이__홍정표
펴낸곳__글로벌콘텐츠
　　　　등록__제25100-2008-000024호

공급처__(주)글로벌콘텐츠출판그룹
　　　　대표_홍정표　이사_김미미　편집_임세원 강민욱 백승민 권군오 문방희　기획·마케팅_이종훈 홍민지
　　　　주소__서울특별시 강동구 풍성로 87-6
　　　　전화__02) 488-3280　팩스__02) 488-3281
　　　　홈페이지__http://www.gcbook.co.kr
　　　　이메일__edit@gcbook.co.kr

값 15,000원
ISBN 979-11-5852-383-1　03700

대학한문

한자문화와
선인들의 지혜

유임하

글로벌콘텐츠

머리말

모든 문화의 정점에는 언어와 문자가 있다. 오늘의 시선으로 보면 한자로 된 문화는 중국에서도 낯설다. 옛날 한문은, 중국에서조차 고문(古文)이라 해서 현대문과 다른, 어렵고 어려운 문자의 세계이다.

문자의 세계는 불교에서 "언어도단 불립문자(言語道斷 不立文字)"라고 선언한다. 참된 진리는 언어의 길이 끊어진 곳에 있어서 문자로 표현할 수 없다는 말이다. 하지만 경전의 가르침과 논설들을 떠올려 보면, 진리는 말과 글로 표현할 수밖에 없다는 역설이 드러난다.

불과 100여 년 전만 해도 한국과 중국, 일본과 대만은 한자로 된 문화권이었다. 중국을 중심에 둔 사고는 단순히 정치적인 차원의 권위 때문이 아니라 문화적 연원에 대한 동경에서 연유한다. 오늘의 영어 사용자들이 누리는 언어권력은 미국 중심의 세계에서 통용되지만, 그것만으로는 오늘의 시대가 요구하는 교양인이 되기는 어렵다.

영국의 문화에 대해 갖는 미국인들의 콤플렉스나 그리스·로마문화, 유대문화에 대한 미국인들의 동경은 유난스러울 정도다. 그러니 우리 선조가 중국 중심 문화를 대한 태도를 문제 삼아 사대주의라고 비판하는 것은 근대 초기의 관점에서 만들어진 편견에 지나지 않는다. 본래 대국들 틈바구니에서 살아가려면 대국의 문화를 제대로 아는 것이야말로 필수적인 요건이었다. 백 년 전 세계에서 지식인들에게 한자문화는 필수였다.

문화를 가꾸는 사람들의 마음은 말과 글로 표현된다. 말과 글은 인간사의 필수적인 도구이다. 말과 글을 정확하고 다채롭고 품위 있게 활용하는 사람의 사유와 생활방식은 그 사람이 가진 지혜의 크기를 짐작하게 하는 교양과 품격을 이룬다. 그런 점에서 말과 글은 그 사람의 인격이다. 얕은 꾀로 잠시 사람을 속일 수는 있을지 모르나 그 사회와 시대를 넘어 후세인들을 감동시키기는 어렵다. 오늘날 성현으로 입에 오르내리는 이들의 언어와 풍모는 깊은 성찰과 명료한 표현에서 나온 것이다.

교양을 갖춘 지성인은 말과 그 말에 담긴 의미와 표현에 결코 둔감해서는 안 된다. 숨은 의미를 헤아리지 않으면 사태의 본질을 깨닫기 어렵기 때문이다. 표현이 상투적이면 정신도 낡은 것이 되기 십상이다. 낡은 정신은 낡은 지식처럼 경쟁력을 잃게 만든다. 자신이 전문가라고 자처하는 순간부터 전문지식에 대한 습득에 게을리하게 된다. "사랑한다는 말을 하고 나서 사랑이 끝났다."라는 어느 영화의 대사처럼, 전문가라는 인식이 끝없는 자기 발전을 가로막는다.

정신 계발의 멈춤은 곧 문화의 후퇴를 의미한다. 그런 까닭에 우리는 선인들의 지혜를 찬찬히 살펴 보는 일을 게을리해서는 안된다. 선조들이 남긴 지혜의 소산들을 되새기며 그 안에서 오늘의 시대에 맞는 예지를 발견하는 일은 지식인이라면 매일매일 수행해야 할 일상의 풍모에 해당한다. 선조들의 지혜를 바탕으로 이기적인 자신에서 이타적인 존재로 전환시키는 것이 바로 올바른 공부의 내용이다.

선인들의 한마디에 담긴, 그 표현들에 감추어진 서릿발 같은 정신의 계고(啓告)는 자기의 성찰로 전환시키는 질료이다. 우리는 어제의 미성숙한 나에서 성숙한 자로 내딛기 위해서는 한자문화에 담긴 지혜를 되새김질할 필요가 있다. 그런 맥락에서 이 책을 감히 '한자문화와 선인들의 지혜-대학한문'이라 이름 붙였다.

2023. 2.

편저자

한자문화와 선인들의 지혜

대학한문

한자문화와
선인들의 지혜

1장

한자란 무엇인가

1 이름에 담은 부모님의 염원

한 번쯤 한자로 된 자기 이름을 적어보며 과연 무슨 뜻으로 내 이름은 지어졌는지 생각해본 적이 있으리라.

내 이름은 버들 유(柳), 아홉째 천간 임(壬), 여름 하(夏)이다. 풍산 유가이지만 몰락 양반임에 분명한 우리 집안은 본래 경상북도 의성군의 사촌(沙村, 모래벌판이 있는 동네), 점곡(點谷, 곳곳에 골짜기가 있는 동네)으로 불리는 집성촌이었다. 이곳은 하회 유씨와 안동 김씨가 할거한 산골 마을이다. 북쪽으로는 고운사(孤雲寺)라는, 신라시대 최치원(崔致遠)의 호를 따다 창건된 유서 깊은 절이 있고, 서쪽으로는 오래된 방풍림이 있다. 이 마을은 『징비록』으로 유명한 서애(西涯) 유성룡(柳成龍)의 외가 마을이다.

내 이름에서 마지막 글자인 '여름 하(夏)' 자는 '항렬'이라고 해서 돌림자이다. 이름으로 사용된 임(壬) 자는 임인년(壬寅年)에 태어났다고 해서 붙여졌다. 백부

님이 이름을 지어주셨는데, 이름에 담긴 뜻과 기상이 깊고 높다고 말하기는 어렵다.

예전에는 작명소라는 곳이 있어서 태어나는 아이의 이름을 돈 주고 짓는 풍경이 낯설지 않았다. 지금도 작명소가 골목이나 길 안쪽, 쇼핑센터 안에 그런대로 남아 있다. 유명한 작명인은 음양오행과 주역의 팔괘를 따져가며 이름을 까다롭게 지었다. 이름 안에는 길흉화복이 담겨 있다고 말하면서 자신의 전문능력을 과시하곤 했다.

이런 풍경이 사라진 지금, 현대적인 부모는 자신의 아이 이름을 반드시 한자로만 짓지 않는다. 한글식으로 이름을 짓는 경우도 적지 않다.

부모님은 막 태어난 아이의 이름 짓기에 몹시 정성을 기울인다. 한자 이름을 지을 때 작명서 한 권쯤 독파한다. 그러고 나서 부모님은 몇 날 며칠 경건한 마음으로 이름을 짓는다. 부모님께서 지으신 이름에 담긴 성명(成名)의 철학은 우주적이라기보다는 자녀들의 삶이 존경받고 행복한 삶을 누리기 바라는 소박하나 참으로 아름다운 염원을 담고 있다고 해도 과언이 아니다.

한자 이름을 짓는 경우, 다음을 고려해야 한다. 첫째, 불러서 좋고 들어서 좋은 이름을 생각한다. 둘째, 좋은 의미를 가진 이름을 짓는다. 셋째, 알기 쉽고 쓰기 편한 이름을 짓는다. 넷째, 개성 있게 이름을 짓는다. 다섯째, 발음하기에 좋고 음이 조화되는 글자로 조합한다. 여섯째, 음양이 조화되는 밝은 음색, 전통적 관습에 걸맞는 글자로 이름을 짓는다. 일곱째 전통적인 관습에서는 수리가 잘 맞게 짓는다. 어떤 획수는 불길한 수라 해서 피하는 경우도 있다.

또한 한글이름을 짓는 경우에는 다음 사항을 고려하면 좋다. 1. 흔한 이름을 가급적 피한다. 2. 낱말을 잘 활용한다. 3. 별로 안 쓰는 낱말을 고른다. 4. 이어짓기 5. 많은 뜻을 줄여 담기 6. 소리의 아름다움 살리기 7. 성씨에 어울리는 이름 짓기 8. 전문가의 자문받기

학과 _____ 학번 _____ 이름 _____

자기 이름을 한자로 적어 보고, 부모님이 내 이름에 담은 간절한 소망과 기대하는 삶의 이미지는 무엇인지를 발표해 보자.

1. 자기 이름   한자

2. 성씨(姓氏)   본관

3. 이름   발음

                              뜻

4. 이름에 부모님은 어떤 염원을 담았을까

2 한자는 왜 배워야 하나

1) 자국어(自國語)의 성립과 어문생활의 이중성

자국어의 성립은 자기의 언어에 대한 자각과 활용으로 가능해진다. 우리말이 처음 문자로 탄생한 것은 1443년 세종대왕의 훈민정음 반포에서부터이다. 훈민정음 반포는 백성들이 문자생활을 할 수 없는 현실을 안타깝게 여긴 세종의 배려에서 시작되었다. 그렇다고는 하나, 그 저변에는 한자음의 발음과 표기 문제가 바른 정치를 어렵게 만든 현실도 있었음을 부인하기 어렵다.

한자를 쓰는 문어의 생활과 구어의 생활이 불일치하는 것은 사회를 이루며 살아가는 방식에서는 원활한 소통을 어렵게 만드는 원인으로 작용했다. 소수의 지식인 중심 사회에서 대중들에게 지식을 효과적으로 전파하지 못하면 사회의 견고함은 유지되기 어렵다.

예컨대, 지식이 무기였던 시대에 국가의 발전을 순도 높게 이루려면 정책을 홍보하는 것이나, 제때 농사를 짓는 일이나, 부모를 모시고 형제와 우애 있고 자식을 잘 기르는 일이 매우 중요했다.

세종대왕은 바로 이 문제, 지식의 전파와 자신의 생각을 효과적으로 전달하는 일의 중요성을 잘 헤아린 지혜로운 임금이었다. '훈민정음(訓民正音)'이란 말은 '백성을 잘 가르쳐 선량하고 국가 발전에 기여하는 바른 사람을 만드는 올바른 문자'라는 뜻이다.

그러나 자국문자가 발명되었다고 해서 한자문화권에 속한 나라의 명운이 곧바로 확보되는 것은 아니었을 터, 한자문화의 수입이 오래 전에 이루어진 것을 소화하는 것은 전혀 다른 문제에 속한다. 15세기 한국사회는 중국을 중심으로 조선, 일본, 베트남에 이르는 광활한 지역이 공통의 문어를 사용하는 변방의 국가였다.

자국 언어를 공문서로 사용할 수 있게 된 것은 갑오개혁(1894)에 이르러서였다. 갑오개혁 당시 고종은 조칙을 내려 진서(한문), 국한문 혼용, 국문 전용 등 세 가지의 문어를 공문서로 작성하도록 했는데, 그때까지 한글은 공식적인 어문생활에 포함되지 못한 채 집안의 일상적인 기록에만 지극히 한정적으로 사용된 문자였다. 오늘날 우리가 접하는 한글문서가 많지 않은 것도 이런 어문생활의 이중성에서 연유한다. 한글문서는 주로 편지를 쓰는 관습이 주로 많았고, 궁중여성들의 문자생활에 사용되었고(『한중록』이 그중에서도 대표적이다), 양반집에서는 아녀자들의 문자생활에 주로 활용되었다(「조침문」이나 「규중칠우쟁론기」, 내방가사와 같은 사례가 여기에 해당한다).

2) 문어의 관습과 한자문화

한글을 사용하는 구어 생활과 달리 한자를 활용한 문어의 관습은 꽤나 끈질겨서, 한국인 특유의 정서를 담은 시를 써야 한다는 주장을 펼친 정약용조차 "나는 조선 사람, 즐겨 조선시를 지으리(我是朝鮮人 甘作朝鮮詩)"라고 한시를 지었다. 사실 우리의 한글 중심 어문생활이 시작된 것이 15세기이긴 하지만 이중 문자를 사용한 기간에 비해 순한글로 된 글쓰기나 문자문화의 깊이가 깊지 않은 것은 1894년 이후 본격화되었기 때문이다.

오늘에 이르기까지 한자병용과 한자혼용, 국문전용 문제가 뜨거운 감자인 까닭은 따로 있다. 학자들에 따르면 한글 전용의 시대는 필연적이다. 한글 전용의 결과 세계인들에게 존경받는 경제성장을 이루었던 것이다.

하지만, 한자문화는 문자의 기능적인 측면만을 고려하는 범위 바깥에 있다. 문자의 기능이 정확한 의미전달이라는 실용적인 차원에서 출발하지만 어떤 자연현상을 개념화하거나 효과적으로 전달하는 문제는 정작 실용적인 측면으로만 설명되기 어려운 대목이 있다.

문화는 흐르는 물과 같아서 고급문화를 어떻게 수용하는가의 문제가 나라와

민족의 흥망성쇠를 결정한다. 중국에서 발생한 한자문화는 우리나라에 수용된 지 기원전 1500년경이라는 통설에 의지하면 근 삼천 년에 이를 만큼 장구한 연원을 가지고 있다. 그런 만큼, 동양에서 19세기 말까지 지속되었던 한자문화권의 존재는 우리의 문화와 국가 형성에도 막대한 영향을 미쳤던 게 사실이다.

한글 전용 어문정책에 대해 위헌소송을 제기하는 측에서는 광대한 한자문화의 유산을 방치하거나 사멸시키고 불과 일부에 지나지 않는 한글로 된 문화유산만을 조명하는 이상한 논리라고 주장한다. 한글이라는 문자를 전용하는 것은 일반시민들에게 시행하면 되지만, 전문인을 양성하는 학교에서는 라틴어와 그리스어를 가르치는 유럽의 고등학교와 대학처럼, 우리는 한자문화를 익히는 것이 전혀 이상한 논리가 아니다. 자국어 중심의 문화를 반대할 까닭은 전혀 없다.

3) 교양인의 어문생활과 선인들의 문화 알기

유구한 문자문화의 일부인 한자문화를 도외시하고 정신문화의 깊이와 넓이를 어떻게 신장시킨다는 것인가.

'정명(正名)'이라는 말이 있다. 이 말의 출처는 제자들이 공자의 언행을 남긴 『논어』이다.

"명부정 즉 언불순(名不正則言不順) 언불순 즉 사불성(言不順則事不成)", "이름(名)이 바르지 않으면 말이 순조롭지 않고, 말이 순조롭지 않으면 하는 일이 이뤄지지 않는다."

'명'이란 주자에 의해 '명분', '올바른 명분'으로 해석되어 왔다. 하지만 한(漢)나라의 정현(鄭玄)은 "正名, 謂正書字也. 古者曰名, 今世曰字(정명이란, 올바르게 문자를 쓰는 것이다. 옛날에는 명이라 하였고, 지금은 문자라 한다)"라고 하였다. 여기에서 명은 '자(字)', 즉 '문자'로 해석하고 있다. 곽말약(郭沫若) 역시 "'정명(正名)'이란 후세 사람들이 말하는 대의명분을 가리키는 말이 아니고, 일상적으로 사용하는 모든 사물의 이름, 특히 사회관계상의 용어"라고 규정하고 있다. 즉, '명(名)'이란 '문자(文字)' 혹은 '글자'인 셈이다.

'올바른 문자의 실현'이라는 관점에서 보면 한자문화의 효율성은 한글과 같은 표음문자와 상호보완적이다. 한글의 풍부한 정보 전달력과 한자에 담긴 함축적이고 풍부한 조어력은 둘 다 버릴 수 없는 문자문화의 역능이다. 우리 어문생활은 오래된 한자문화의 수용과 함께 한글문화가 뗄 수 없는 관계를 형성하고 있다고 해도 과언이 아니다.

자기 이름과 부모님의 이름을 제대로 쓰거나 알지 못하는 사태가 비일비재한 현실에서 우리는 문화의 기원이 어디이고, 자신이 어디서 왔는가를 뒤늦게야 깨닫는다. 중년을 넘겨서야 겨우 자기 뿌리에 대한 관심이 생겨난다.

우리가 모르고 배웠던 한자 이름의 의미와 "국파산하재 성춘초목심(國破山河在 城春草木沈, 나라는 망해도 산하는 그대로인데 봄이 온 성에는 초목이 무성하네)…" 하며, 외우기만 했던 두보의 한시 「춘망(春望)」이 어느 날 문득 함축적이고 맛깔스럽게 우리 정서를 자극하는 때가 있다. 그 감정은 봄이 왔을 때 신록 가득한 풍경에 깃드는 묘한 허무감이다. 하지만, 아름다운 것이 오래가지 않는다는 점에서 덧없고 슬픈 것이라는 '권불십년 화무십일홍(權不十年 花無十日紅)'이라는 구절도 함께 연상된다.

문화는 자주 물의 속성에 비견된다. 높은 곳에서 낮은 곳으로 흘러내리는 물의 속성을 두고 중국에서는 고대 철학자들로인부터 그 속성을 덕성으로, 심지어 만물에 깃든 성선설의 한 부분으로까지 미화되었던 것이다. 얼마 전 서예를 배운 반기문 유엔 사무총장이 미국 대통령 버락 오바마에게 써준 일이 신문에 보도되었다. '상선약수(上善若水, 최고의 선은 물과 같다)', 이 구절도 실은 동양 고대 사상에 근거한 유래가 깊은 말이다. 중국의 철학에서는 '낮은 곳으로 흘러들고', '채워져야만 넘치며', '막힌 곳은 에돌아 흘러내리는' 물의 속성을 최고의 가치로 친 것이다. 근원에서부터 바다에 이르기까지 변화무쌍한 물의 변신을 노래한 시인 역시 오래된 지혜를 빌려온 것이다.

'신록(新綠)'이라는 말이 있다. 이 말은 파릇파릇한 새순이 돋아나는 초봄의

상큼한 자연의 숨결을 느끼도록 해준다. 이양하 선생의 수필 「신록예찬」은 이 말을 청춘의 활달함으로 전용했다. 하지만 내겐 성장해 가는 청춘에게는 여름과 동격인 푸른 잎이 무성한 '녹음(綠陰)'이라는 말이 더 적절해 보인다. 무성한 여름과 녹음은 뜨거운 햇살에 걸맞은 시원함을 선사한다. 여름은 온갖 풍성한 과일 때문에 더위에도 불구하고 견디어낼 만한 가치가 충분한 계절이다.

그러나 가을이 되기 전, 그 무성한 잎은 단풍으로 물들기 전 푸르름을 넘어 더욱 짙어지는데, 이를 지칭하는 말이 한자어에 있다. 바로 청음(靑陰)이라는 말인데, 소나무나 대나무의 숲 그늘을 빗대기도 하지만 짙은 녹음을 따로 이른다. 신록에서 녹음으로, 녹음에서 청음으로…. 선인들이 남긴 말의 성찬을 곱씹다 보면, 어느새 우리의 팍팍한 마음을 위로받을 수 있는, 세상을 달리 보는 눈과 지혜를 느낄 수 있게 된다. '학이시습지 불역열호(學而時習之 不亦悅乎)', '배우고, 배운 것을 때마다 익히니 이는 또한 얼마나 즐거운 일인가!'

이처럼 문화적으로는 한글문화가 한자문화와 밀접한 관련을 맺고 있다는 것, 더 나아가 한자문화가 한글문화의 보완과 충족의 조건이 돼 왔다는 점을 부인하기 어렵다.

'유씨' 하면 柳, 劉, 兪 씨 중에서 어느 성씨인지 혼돈이 있을 수 있다. 한자 성씨에는 늘 내력이 함께 따라온다. 개체발생은 계통발생을 선행할 수 없다는 생물학의 법칙을 떠올려 보면 한 사람의 삶에 담긴 오래된 문화적 전통이 한자문화 안에 담겨 있다고 해야 옳다.

한자에 대한 올바른 이해는 다양한 표현을 익힐 수 있는 이점을 제공해준다. 한자의 동음이의어는 말 그대로 놓고 보면 반대의 뜻을 가진 단어이나 혼동할 수 있는 경우도 적지 않다. 동음이의어에서 '방화'라는 단어에는 다음과 같은 용례가 있다.

芳花, 邦畵, 方火, 放火

이들 단어에서 '芳花'는 '향기 좋은 꽃'을 의미하고, '邦畵'는 우리나라 영화를 뜻한다. 그러나 '放火'는 '불을 놓다', '불을 지르다'의 의미이지만, '防火'는 '불을 끄다'는 뜻이니, 발음만으로는 뜻이 구별되지 않을 뿐만 아니라 정반대의 뜻이 됨을 알 수 있다. 같은 발음이 전혀 다른 뜻을 갖는 현상은 언어 발전의 자연스러운 결과일 뿐만 아니라 풍요로운 문화의 단면에 해당한다.

1. 가을 하늘 공활(空豁)한데, 높고 구름 없이(〈애국가〉 3절)

2. 보우(保佑)와 보호(保護)

3. 보전(保全)과 보존(保存)

3 한자교육의 방향

　여행이 우리 삶의 원기를 회복시켜주는 청량제 같아진 오늘의 세계에서, 주변국인 중국 땅과 대만, 일본을 여행하다 보면, 한자를 알고 있는 게 얼마나 좋은 수단인지 실감하게 된다. 한자로 된 지명이나 건물명에서는 문화적 동질감과 차이나는 점이 무엇인가를 쉽게 분별할 수 있기 때문이다.

　이런 감정은 사실 한두 해만에 이뤄진 게 아니라 오랜 연원을 가지고 있다. 한자를 함께 사용하는 문화권은 한·중·일을 포함하고 대만과 싱가포르를 비롯해서, ‘월남’이라고 부르는 베트남과 인도네시아, 말레이시아에 이르는 광대한 화교문화에 대략 일치한다.

　한자는 동아시아와 남아시아 일대를 아우르는 관문에 해당하는 문자인 셈이다. 그런 까닭에 한자를 교육해야 한다는 것은 다른 외국어를 배우는 것처럼 우리와 공유해온 오랜 문화 인접국에 대한 이해를 높이는 일이라는 점에서 필연적이다.

　한자교육의 강조는 모든 한자를 대상으로 삼는 게 아님을 분명하게 해둘 필요가 있다. 오늘의 한자교육은 2,000자 내외의 기초한자를 체계적으로 지도하자는 것이다. 이는 무엇보다도 전통문화에 대한 이해를 높이고, 선인들이 누려온 한자로 된 문화의 향취를 바로 알기 위함이다.

　한국, 중국, 일본은 각자 자신들의 문화에 걸맞은 한자문화를 보유하고 있다. 중국의 간자와 일본식 약자가 바로 그것인데, 우리의 정자체 한자교육은 이 둘까지도 잘 포괄할 수 있다는 점에서 우위를 띤다.

2장

한자와 한자문화

1 한자의 기원

중국 역사서에는 문화에 관한 여러 기원신화가 있다. 곡식은 후직(后稷), 의약은 신농(神農), 수레는 조부(造父), 음악은 영윤(伶倫)이 발명했다고 하는 식이다. 문자는 황제(黃帝) 때 사관이었던 창힐(蒼詰)이 처음 만들었다는 이야기가 『순자(荀子)』, 『한비자(韓非子)』에 실려 있다.

한자의 체계는 시대를 따라 서서히 형성되고 오랜 세월에 걸쳐 축적돼 왔던 것이다. 따라서 누군가가 애초에 그 출발의 단서를 발명해내지 않았다면 한자는 태어나지 못했을 것이다. 그래서 문자의 발명자로 창힐을 꼽는 것이다.

전설에 따르면 네 개의 눈을 가진 사관이었던 창힐은 새나 길짐승의 발자국을 보고 글자를 만들었다고 한다. 그는 발자국의 차이에 따라 날짐승과 길짐승을 구별하는 것에 시사받아 문자를 창안했다. 이러한 의미 구별법을 빌려 말의 의미를 도상화하면서 시각적인 기호[문재]의 차원이 만들어진 것이 역사 초기의 문자가 가진 특징이다.

그렇다면 가장 오래된 한자는 무엇일까. 서체(書體)로 보아 은나라 갑골문자(甲骨文字)가 가장 오래된 글자이다. 이보다 더 오래 된 것으로는 유물에서 발견되는 부호(符號)가 있으나 현재까지도 정확한 의미를 부여하기는 어렵다. 문자란 언어와 대응한다. 언어는 문맥이 존재하지 않으면 의미를 지니지 못한다. 그런 의미에서 현재까지 문맥에서 의미를 추정 가능한 갑골문자가 가장 오래된 문자이다. 갑골문자에는 창힐의 문자 발명의 원리가 적용되는데, 이를 보면 창힐이라는 인물은 은나라 시대나 그 이전 사람이라고 할 수 있다.

· 사내 남(男): 사내가 밭에서 힘쓰는 모양, 농사짓는 모습.

· 같은 새의 모양이지만 새 조 자와는 달리 눈에 해당하는 점이 없다. 곧, 까마귀는 검어서 눈이 보이지 않는다는 뜻으로 만들어진 한자임.

· 말 많을 절(전체 획수: 64획)

자전의 종류와 수록된 한자 수

·편해(篇海): 금(金)왕조시대의 자전 54,000자 수록
·해편(海篇): 명(明)왕조 시대의 자전 54,000자 수록
·강희자전(康熙字典): 청(淸)왕조 시대의 자전 47,000자 수록
·대한화사전(大漢和辭典): 현대 일본 사전 50,000자 수록
·한어대자전(漢語大字典): 현대 중국 사전 56,000자 수록
·중화자해(中華字海): 현대 중국 자전 85,000자 수록
·금석문자경(今昔文字鏡): 현대 중국 자전 85,000자 수록

2   서체의 변천 과정

1) 갑골문

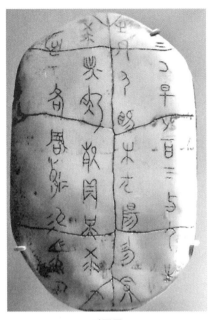

갑골문

갑골문은 1899년 청조 말기에 안양현 소둔촌, 상(商) 나라의 수도였던 은의 폐허에서 왕의영(王懿榮)이 최초로 발견하였다. 당시 갑골문 조각은 한약재로 쓰이고 있었다. 중국에서는 1928년 중앙연구원을 설립하여 동작빈의 주도하에 본격적으로 발굴하고 조사하였다. 현재까지 십육만 편, 오천 자가 발견되었고 그 중 갑골문 유물은 천 자 정도가 완벽히 해독되었다. 세계 각국 박물관에 흩어져 보관돼 있다.

갑골문은 은허에서 출토된 거북이의 배딱지와 짐승의 견갑골에 새겨져 있는 상형문자로서 한자의 원형이다. 이것은 점치는 데에 사용되었으므로 복사(卜辭)라고도 한다.

거북이의 배딱지나 짐승의 견갑골을 사용한 복점은 신석기시대에 행해졌지만, 여기에 문자를 새긴 것은 상(商)뿐이다. 현재 알려진 한자의 가장 오래된 형태로, 회화적 요소가 있으나 순수한 회화문자보다는 진보되어 있다. 지금까지 한 연구에서 밝혀진 용도는 제사·풍우·전렵(田獵)·농경·군사·사명(使命)·질병·복점 등이다.

발굴 이후 상의 제사·정치·사회·경제 등이 연구됐고 전설로만 전해졌던 상이 중국 대륙에서 가장 오래된 왕조라는 사실이 밝혀졌다.

2) 전서

전서(篆書)는 한자 서체의 종류 중 하나다. 고문의 자체와 서풍이 정리된 것으로서 대전(大篆)·소전(小篆)의 2종이 있다. 대전은 주문(籒文)이라고도 불린다. 주(周)의 사주(史籒)가 만들었다고도 전해진다. 소전은 대전의 체세(體勢)를 길게, 점획(点劃)

전서

을 네모반듯하게 하여 서사(書寫)를 편리하게 한 서체이다. 진시황제의 문자통일 때에 승상 이사(李斯)가 창시하였다고 전해진다.

3) 예서

예서(隷書)는 한자 서체의 종류 중 하나다. 소전을 직선적으로 간략화한 서체이다.

하급관리인 도례(徒隷) 사이에서 사용되었기 때문에 예서라 부르고 있다. 이것이 모체가 되어 해행초(楷行草)의 삼체(三體)가 전개된다.

예서

4) 해서

해서

해서(楷書)는 한자의 서체의 종류 중 하나다. 예서에서 변이(變移)된 것으로서 필획(筆劃)에 생략이 없는 서체이다. 다른 서체보다 가장 늦게 성립했다. 실용이라기보다는 의식적인 정제(整齊)의 필요에서 생겨났다. 정서(正書), 진서(眞書)라고도 하며 현재 일반적으로 쓰고 있어 활자체로 많이 활용되고 있다.

5) 행서

행서

행서(行書)는 한자 서체의 종류 중 하나다. 행압서(行押書)라고도 한다. 해서와 초서의 중간 서체다. 한대의 목간에서 주로 발견되고 있는 서체이다. 행서 역시 예서의 속필로서 생겨난 것이다. 행압서란 '교환하는 문서'라는 의미이다. 행서는 필기가 쉽고 빠르게 쓸 수 있으며, 읽기 쉽다는 이점이 있다.

6) 초서

초서(草書, 영어: cursive script)는 한자 서체의 종류 중 하나다. 문자를 흘려서 쓴 서체다. 서역(西域)에서 출토된 전한(前漢)의 목간(木簡)에 팔부의 파세와 리듬을 가진 속필의 문자('章草'라고도 한다)가 있으며, 여기서 지금 초서로 발전하였다고 한다. 읽기 어렵기 때문에 일반화되지는 않았다. 하지만 서체의 변화가 풍부하여 예술작품 등에 많이 쓰이고 있다. 히라가나는 한자의 초서를 본떠서 만들었다.

초서

3 부수

'부수(部首)'는 한자를 정리·배열하기 위한 한 가지 방법이다. 한자에서 각 글자마다 구성 요소를 추출하고, 그중에서 뜻 부분이 비슷한 것을 모아 공통되는 뜻 부분이 있는 모습을 색인에 내어 부수로 삼는다.

부수는 단자로 된 것도 있으나, 쓰이지 않는 것(1획의 丨(곤)·丶(주)·丿(별)·亅(궐), 2획의 亠(두)·冂(경)·冖(멱)·冫(빙)·凵(감)·勹(포)·卩(절), 3획의 屮(좌)·巛(천)·幺(요) 등)도 있다. 획수가 많은 것으로는 16획의 龍(용 룡)·龜(거북 구), 17획의 龠(피리 약) 등이 있다.

자전에서는 총 획수가 적은 한자의 경우나 의미의 추출이 곤란한 경우 모습이 유사한 부수에 편의상 포함시킨 경우가 많다. (예: 王(임금 왕)은 玉(구슬 옥), 부수 0획)

자주 나오는 부수는 위치에 따른 부수의 분류상 유형에 속한다. 변·방·머리·받침·에운담 등이 있다.

부수의 배열은 주로 획수순이고, 획수가 같은 부수는 배열 순서가 따로 정해져 있다. 현재 유니코드는 한 영역 안에서 한자 배열을 부수－획수 순서대로 하고 있다. 현재 부수는 모두 214개이다.

부수 목록: 한자부수 214자(자전순)

1획	一·丨·丶·丿·乙·亅
2획	二·亠·人·儿·入·八·冂·冖·冫·几·凵·刀·力·勹·匕·匚·匸·十·卜·卩·厂·厶·又
3획	口·囗·土·士·夂·夊·夕·大·女·子·宀·寸·小·尢·尸·屮·山·巛·工·己·巾·干·幺·广·廴·廾·弋·弓·彐·彡·彳
4획	心·戈·戶·手·支·攴·文·斗·斤·方·无·日·曰·月·木·欠·止·歹·殳·毋·比·毛·氏·气·水·火·爪·父·爻·爿·片·牙·牛·犬
5획	玄·玉·瓜·瓦·甘·生·用·田·疋·疒·癶·白·皮·皿·目·矛·矢·石·示·内·禾·穴·立
6획	竹·米·糸·缶·网·羊·羽·老·而·耒·耳·聿·肉·臣·自·至·臼·舌·舛·舟·艮·色·艸·虍·虫·血·行·衣·襾
7획	見·角·言·谷·豆·豕·豸·貝·赤·走·足·身·車·辛·辰·辵·邑·酉·釆·里
8획	舍·金·長·門·阜·隶·隹·雨·靑·非
9획	面·革·韋·韭·音·頁·風·飛·食·首·香
10획	馬·骨·高·髟·鬥·鬯·鬲·鬼
11획	魚·鳥·鹵·鹿·麥·麻
12획	黃·黍·黑·黹
13획	黽·鼎·鼓·鼠
14획	鼻·齊
15획	齒
16획	龍·龜
17획	龠

4 한자와 쓰기 문화

1) 서예

표의문자인 한자를 문자와 글씨로 일단 구별할 수 있다. 문자가 언어의 부호로서 모양이나 사건을 서술하는 수단이라면, 서(書)는 그 문자를 심미적으로 표현하는 미의식의 예술활동에 속한다.

서는 어디까지나 문자를 떠나 또는 붓을 떠나서 존재할 수 없다. 이때 붓은 어떤 변화 속에서도 자신의 생각이나 사상을 아름답게 표현하는 도구가 된다.

서예가가 쓴 글씨가 타인에게는 읽지 못하는 제멋대로의 자의적인 면모일지 모르나 그 서예가에게는 읽는 문자를 미의식을 담아낸 표현에 해당한다.

서의 표현 내용은 그 서의 소재·어구(語句), 시문(詩文)·문학적인 요소를 포함한다. 하지만 서는 시각성 예술로 승화되면서 그 내용도 소재인 개개의 문자보다 그 작품에 포함된 서미(書美)의 차원으로 승화된다.

하나의 완성된 작품에서는 전체를 구성하는 문자의 대소(크고 작음)·포치(布置, 넓게 늘어놓음), 먹의 윤갈(潤渴, 윤택하고 마름), 낙관(落款)의 위치 즉, 장법(章法, 經營位置, 화면을 살리기 위한 배치법)이 심미안을 담은 예술적 가치를 갖게 된다는 점에서 중요한 의미를 갖는다.

서예의 기초 용어

법첩(法帖)	습자(習字)의 자습서. 또한 감상용으로서 고인의 우품(優品)을 돌이나 나무에 파서 새기고, 이것을 인쇄하여 책으로 만든 것. 한 사람의 글씨를 모은 것은 '단첩(單帖)', 많은 사람의 글씨를 모은 것은 '집첩(集帖)'이라 한다.
임서(臨書)	자습서를 곁에 놓고 보면서 쓰는 것 그리고 그렇게 쓴 글씨. 임서에는 형림(形臨)과 의림(意臨)이 있다. 형림은 자형(字形)을 충실하게 보고서 쓰는 것이며, 의림은 그 글씨의 뜻(마음)을 파악해서 표현함에 중점을 둔 방법이다.
자운(自運)	임서에 대응되는데, 타인의 글씨를 참고로 하지 않고 자기의 힘으로 공부하고 연구하여 제작하는 것과 그 작품.
낙관(落款)	낙성관지(落成款識)를 줄임말. 서화의 일단에 서명·압인하고 완성의 뜻을 표시하는 것.
전각(篆刻)	서화 등의 낙관에 쓰이는 도장에 전서(篆書)를 새기는 것. 문자가 붉게 바탕이 희게 압인되는 것을 주문(朱文)이라 하고, 그 반대를 백문(白文)이라 한다. 주문으로 새기는 것을 양각(陽刻), 백문으로 새기는 것을 음각(陰刻)이라고도 한다. 또한 각자(刻字)를 전각가(篆刻家), 새긴 것을 인장(印章)이라 하고, 역대의 고인(古印), 각 가각인(家刻印)의 인영(印影)을 모은 것을 인보(印譜)·인집(印集)·인존(印存)이라 부른다.
묵적(墨蹟)	중국에서는 단순히 필적(筆蹟)을 말하는데, 한국이나 일본에서는 임제(臨濟)를 주로 한 선종 승려의 필적을 가리킴. 중국 및 한국의 선승이 쓴 인가장(印可狀)·게송·법어(法語)·자호(字號)·진도어(進道語)·시(詩), 액자(額子)·서장(書狀) 등을 가리킴.
탁본(拓本)	금속·기와·돌·나무 등에 새겨진 그림이나 문자를 베껴내는 것. 탁본 방법에는 사물에 직접 종이를 대고서 물을 칠한 다음 밀착시켜 솜뭉치 먹칠을 해서 두들기는 습탁(濕拓)과 석화묵(石花墨)으로 종이 위에서 문질러 베끼는 건탁(乾拓)의 두 가지가 있다.
쌍구진묵(雙鉤塡墨)	필적 위에 얇은 종이를 얹어 놓고 문자의 윤곽을 사서(寫書)해서 먹칠을 하는 방법.

2) 우리나라 서예가와 서예작품

- 안평대군 이용(安平大君 李瑢, 1418~1453): 훈민정음 혜례본의 서체는 그의 작품이다.
- 한호(韓濩, 1543년~1605년): 조선 전기의 대표적인 서예가.
- 헌경왕후 홍씨(獻敬王后 洪氏, 1735~1815): 조선 후기의 한글 서예가. 한중록(閑中錄 또는 恨中錄)을 썼다.
- 김정희(金正喜, 1786~1856): 조선 후기의 대표적인 서예가. 추사체의 창시자.
- 안중근(安重根, 1879~1910): 독립운동가. 200여 개의 유묵을 남겨 그중 20개가 보물 569호로 지정됐다.
- 이완용(李完用, 1856~1926): 작품으로 독립문 현판이 있다.
- 소전 손재형(素筌 孫在馨, 1903~1981): 한글 서법 중에서도 전획 필법이 높이 평가되고 있다.
- 청남 오제봉(菁南 吳濟峰, 1908~1991): 해인사 승문에서 글을 익힌 유명 서예가.
- 원곡 김기승(原谷 金基昇, 1909~2000): 원곡체라는 독특한 서체를 창안하였고, 한국서예사를 저술하고, 원곡서예상을 제정하였다.
- 어천 최중길(於泉 崔重吉, 1914~1979): 초서에 능하고 전각, 목각에 능한 서예가.
- 시암 배길기(時菴 裵吉基, 1917~1999): 전서, 그중에서도 소전에 매우 능했던 서예가다.
- 철농 이기우(鐵農 李基雨, 1921~1993): 근대 최고의 전각가로 꼽힌다.

추사 김정희, 계산무진

3) 영자팔법

 중국 후한(後漢)의 문인이며 서예가(書藝家)인 채옹(蔡邕, 132~192)이 고안한 것으로, 여러 한자에 두루 쓰이는 획의 운필법(運筆法)을 한자 '永'으로 설명한 것.

① 측(側): 점
② 늑(勒): 짧은 가로 긋기
③ 노(努): 내려 긋기
④ 적(趯): 갈고리
⑤ 책(策): 단순 치침
⑥ 약(掠): 삐침
⑦ 탁(啄): 짧은 삐침
⑧ 책(磔): 파임

〈필순에 따라 영자팔법 쓰기 연습〉

永					
永					

4) 한자를 잘 쓰는 법: 한자의 필순(筆順)

한자를 잘 쓰는 방법은 순서에 따라 정성을 다해 쓰는 것이다. 이를 '필순(筆順)'이라고 한다.

① 왼쪽에서 오른쪽 순으로 쓴다.

예) 川(　　), 行(　　)

② 위에서 아래로 써내려 간다.

예) 三(　　), 言(　　), 天(　　)

③ 가로 획과 세로 획이 교차할 때, 가로 획을 먼저 쓴다.

예) 十(　　), 士(　　)

④ 삐침과 파임이 만날 때, 삐침을 먼저 쓴다.

예) 人(　　), 交(　　), 友(　　)

⑤ 좌우 모양이 대칭을 이룰 때 가운데 획을 먼저 쓴다.

예) 小(　　), 水(　　)

⑥ 안쪽과 바깥쪽 획이 있을 때에는 바깥쪽 획을 먼저 쓴다.

예) 風(　　), 國(　　)

⑦ 글자 전체를 꿰뚫는 세로획, 가로획은 나중에 쓴다.

예) 平(　　), 中(　　), 冊(　　), 子(　　)

⑧ 오른쪽 위의 점은 마지막에 찍는다.

　예) 犬(　　), 成(　　), 我(　　)

⑨ 책받침 변은 나중에 쓴다.

　예) 近(　　), 遠(　　), 道(　　)

⑩ 둘러싼 모양의 글자는 바깥쪽을 먼저 쓴다.

　예) 肉(　　), 目(　　)

3장

한자의 제자(制字) 원리와 육서

육서(六書)란 한자가 만들어지게 된 여섯 가지 원리를 말한다.

한자는 원래 갑골문자에서 발생하였으며 사물의 형태를 그리는 상형문자로부터 출발하였다. 그러나 상형문자로 표현할 수 없는 개념이나 존재에 대해서는 다른 방법으로 이를 나타낼 수 있도록 한 것이 바로 육서이다.

즉, 모양(形)과 소리(音)와 뜻(意)의 세 요소에 의해 여섯 가지 방법으로 한자를 만드는 것이다.

육서의 원리 중 상형, 지사, 회의, 형성을 한자 구성의 원리, 전주와 가차를 한자 운용의 원리로 크게 구분한다. 이 육서는 후한(後漢)시대에 허신(許愼)이 『설문해자(說文解字)』에서 정리한 것이다. 허신은 부수 214개를 만들어 후대의 자전 편찬에 큰 영향을 끼쳤다.

육서를 살펴보면 다음과 같다.

1 상형(象形)

사물의 모양을 본떠서 만든 글자. 상형(象形)이란 코끼리 발자국에서 파생되어 '본뜨다'는 의미를 가진다. 일반적으로 동식물이나 자연의 모습, 인체, 물건의 형태 등 주변에서 흔히 눈으로 볼 수 있는 것들이 상형에 해당된다. 비록 숫자는 적으나, 한자의 기본 출발점이라고 할 수 있다. 즉, 상형은 물체의 모습을 본뜬 것으로 객관적이고 구체적이며 뜻의 범위가 매우 좁고 일물일자(一物一字)로서 글자 수가 매우 많다. 부수(部首)의 대부분은 상형문자라고 할 수 있다.

예) 달 월(月), 뫼 산(山), 내 천(川), 비 우(雨), 해 일(日)

2 지사(指事)

지사는 '일(事)을 가리키다(指)'라는 뜻에서 알 수 있듯이 상형(象形)의 한계를 극복하는 방법으로 사용되었는데, 무형(無形)의 추상적인 개념이나 생각을 점이나 선과 같은 기호나 부호 등을 써서 나타낸 글자이며, 그려낼 수 있는 실물이 있는 경우에는 상형에 속하나, 실물이 없는 경우에는 지사에 속한다. 즉, 존재하고는 있지만 구체적인 형태를 나타낼 수 없는 것을 표현하는데, 그 숫자가 매우 적다. 즉, 지사는 물체의 상태나 위치를 본 뜬 것으로 주관적이고 추상적이며 뜻이 나타내는 개괄적인 범위가 매우 넓다. 상형이 물질명사라면 지사는 추상명사 혹은 형용사라고 할 수 있다. 지사의 종류로 상(上)이나 하(下)처럼 본래의 상징적인 의미 그대로 부호화한 것이 있고, 본(本), 말(末)처럼 상형자에 기초를 두고 의미를 표시한 것이 있다.

예) 한 일(一), 위 상(上), 가운데 중(中), 아래 하(下)

3 회의(會意)

회의는 '뜻(意)을 모은다(會)'라는 의미이다. 두 개 이상의 상형자(象形字)나 지사자(指事字)를 합하여, 그 의미와 의미를 결합해 뜻이 다른 뜻으로 이루어지게 되는 방식의 글자를 말한다. 회의의 개념은 한자 생성의 새로운 개념을 제시하면서 진일보된 한자 발전의 출발점이 되었다. 회의문자에는 같은 글자끼리 모이는 경우와 다른 글자끼리 모이는 경우가 있는데, 글자의 구성요소에 따라 동체회의, 이체회의, 변체회의, 겸성회의로 나뉘게 된다.

① 동체회의(同體會意): 같은 글자로 이루어진 한자
 ·나무 목(木) + 나무 목(木) → 수풀 림(林: 나무가 모여 숲을 이룬다)
 ·나무 목(木) + 나무 목(木) + 나무 목(木) → 나무 빽빽할 삼(森: 나무가 많이 모여 빽빽한 숲이 됨)
 ·계집 녀(女) + 계집 녀(女) + 계집 녀(女) → 간사할 간(姦: 계집들끼리 모이니 간사해진다)
 ·입 구(口) + 입 구(口) + 입 구(口) → 품수 품(品: 입들을 서로 다물고 있어 품행이 으뜸이다)

② 이체회의(異體會意): 서로 다른 글자로 이루어진 한자
 ·사람 인(人) + 나무목(木) → 쉴 휴(休: 사람이 나무에 기대어 쉰다)
 ·입 구(口) + 새 조(鳥) → 울 명(鳴: 새가 입을 벌리고 지저귀며 운다)
 ·해 일(日) + 달 월(月) → 밝을 명(明: 해와 달의 빛이 온 세상을 비추니 밝다)
 ·사람 인(人) + 설 립(立) → 자리 위(位: 사람이 서 있는 곳이 자리가 된다)
 ·문 문(門) + 해 일(日) → 사이 간(間: 열려진 문 사이로 해가 들어와 비춘다)

4 형성(形聲)

　　형성은 '모양(形: 뜻)과 소리(聲: 발음)'로 뜻 부분과 소리 부분을 구분하여 결합하는 방식의 글자이다. 이미 있는 두 개의 글자를 모아서 하나의 글자로 만들되, 한 글자에서는 뜻을 나타내는 형부(形付), 나머지 다른 글자에서는 음을 나타내는 성부(聲付)가 모여서 글자를 만드는데, 음은 비슷한 음으로 바뀌어 사용되기도 한다.

　　형성의 개념은 한자의 생성 및 발전에 획기적인 전환점이 되었다. 형성은 가장 널리 쓰이는 한자의 구성법으로서, 약 80~90%에 달하는 대부분의 한자가 바로 형성의 원리에 따른 것이다.

- 나무 목(木) + 재주 재(才) → 재목 재(材) – 같은 형부로 이루어진 글자
- 뫼 산(山)(비슷한 음: 산 → 선) + 사람 인(人)(뜻) → 신선 선(仙)(회의문자) ┃ 같은 성부로 이루어진 글자
- 사람 인(人)(뜻) + 음식 수(需)(소리) → 선비 유(儒) ┃
- 물 수(水)(뜻) + 푸를 청(靑)(소리) → 맑을 청(淸) ┃ 왼쪽이 뜻을, 오른쪽이 소리를 나타냄
- 사람 인(人)(소리) + 말씀 언(言)(뜻) → 믿을 신(信)(회의문자) ┃
- 아홉 구(九)(소리) + 새 조(鳥)(뜻) → 비둘기 구(鳩) ┃ 오른쪽이 뜻을, 왼쪽이 소리를 나타냄

5 전주(轉注)

전주의 개념은 새로운 글자를 만드는 원리가 아니라, 기존의 글자를 의미 변화로 활용하는 원리이다. 한자를 만들지 않더라도 기존 한자에 새로운 개념을 담을 수 있는 것이다. 자전(字典) 속의 대부분 한자가 뜻이 몇 가지씩 나열되어 있다. 이것은 전주의 개념이 많이 가미된 것으로 볼 수 있다. 상형, 지사, 회의, 형성이 한자의 구성원리라면, 전주와 가차는 한자의 운용규칙이다.

전주라는 단어에서 보듯이 전(轉)이란 수레바퀴가 구르는 것처럼 뜻이 굴러서 다른 뜻으로 변하는 것이고, 주(注)란 그릇에 물이 넘쳐흐르듯 다른 뜻으로 옮겨 흐른다는 것을 말한다. 즉, 기존 글자의 원뜻이 유추, 확대, 변화되어 새로운 뜻으로 바뀌는데, 이때 뜻만 바뀌는 것이 아니라 음도 바뀌기도 한다.

① 뜻이 바뀌는 경우
- 마음 심(心) + 아이 동(童) → 어린애같이 기뻐하고 들뜬 마음 → (기뻐하고 들뜬 상태를 그리워하여) 동경할 동(憧)
- 늙을 로(老) → (늙어서 경험이 많아) 익숙할 로(老) → (늙어서 몸이) 쇠약할 로(老)

② 뜻과 소리가 같이 바뀌는 경우
- 악할 악(惡) → (악한 것을) 미워할 오(惡)
- 풍류 악(樂) → (풍류를) 즐거워할 락(樂) → (풍류를) 좋아할 요(樂)

6 가차(假借)

가차는 '임시로 빌려 쓰다'라는 뜻 그대로, 기본적으로 발음이 같은 개념을 빌려 쓰거나, 글자 모양을 빌리는 등 외국어의 표기에 사용하거나, 의성어나 의태어와 같은 부사어적 표현에 쓰이는 한자의 원리이다.

'그을리다'는 의미의 발음과 연사(連詞)의 의미 발음을 통용하는 연(然), 달러 화폐 모양 그대로 사용하는 불(弗), 지명 등의 음역(音譯), 의젓하고 버젓한 모양의 의미인 당당(堂堂) 등이 있다.

가차는 주로 본래의 뜻과는 무관하게 다른 글자의 소리를 빌려다 쓰는 것인데, 말은 있는데 글자가 미처 만들어지지 못한 경우나, 이미 있는 글자 중에서 음이나 뜻이 비슷한 글자를 빌려 쓰는 경우가 많다. 주로 외래어, 의성어, 의태어 등을 표현할 때 쓰인다.

① 본래 뜻에서 다른 뜻이 추가되는 경우
- 나 여(余) → 남을 여(餘)와 음이 같음 → 남을 여(餘)와 같은 뜻으로 쓰임
- 제비 연(燕) → 원래 제비를 나타낸 뜻이나 잔치 연(宴)과 음이 같음 → 잔치 연(燕)으로도 쓰임

② 의성어, 의태어
- 당당하다 → 堂堂하다
- 닭의 울음소리 → 동천홍(東天紅)

③ 외래어

사람이나 사물 이름 등	·부다(BUDDA) → 불타(佛陀)
	·예수(JESUS) → 야소(耶蘇)
	·크라이스트(CHRIST) → 그리스도 → 기독(基督)
	·셀시우스(CELSIUS) → 섭씨(攝氏)
	·파렌하이트(FAHRENHEIT) → 화씨(華氏)
	·핑퐁(PINGPONG) → 병병(乒乓)
	·톤(TON: 1,000Kg) → 돈(톤)
	·달러(DOLLAR) → 불(弗)
지역 이름	·아시아(ASIA) → 아세아(亞細亞)
	·라틴(LATIN) → 나전(羅全)
도시 이름	·로마(ROMA) → 라마(羅馬)
	·뉴욕(NEWYORK) → 뉴육(紐育)
	·로스앤젤레스(LOSANGELES) → 나성(羅城)
	·워싱턴(WASHINGTON) → 화성돈(華盛頓) → 화부(華府)
	·모스크바(MOSCOVA) → 막사과(莫斯科) → 막부(幕府)
국가 이름	·인디아(INDIA) → 인도(印度)
	·프랑스(FRANCE) → 법랑서(法朗西) → 법국(法國) → 불란서(佛蘭西)
	·도이칠랜드(DOUTCHILAND) → 덕국(德國) →독일(獨逸)
	·잉글랜드(ENGLAND) → 영격란국(英格蘭國) → 영길리(英吉利) → 영국(英國)
	·오스트레일리아(AUSTRALASIA) → 호사태랄리아(濠斯太剌利亞) → 호주(濠洲)
	·아메리카(AMERICA) → 메리컨 → 미리견국(美利堅國) → 미국(美國) → 아미리가(亞米利加) → 미국(米國)→ 미국(美國)
	·러시아(RUSSIA) → 나선(那禪) → 아라사(俄羅斯) → 아국(俄國) → 로서아 (露西亞) → 로국(露國)

④ 세계 각국의 한자 명칭과 도시의 한자 표기

한자 이름	원래 이름	한자 이름	원래 이름	한자 이름	원래 이름
독일(獨逸)	도이칠란트	애급(埃及)	이집트	서서(瑞西)	스위스
화성돈(華盛頓)	워싱턴	인도(印度)	인디아	월남(越南)	베트남
향항(香港)	홍콩	낙위(諾威)	노르웨이	나마니아 (羅馬尼亞)	루마니아
성항(星港)	싱가포르	서반아(西班牙)	스페인	호주(濠洲)	오스트레일리아
영국(英國)	잉글랜드	서전(瑞典)	스웨덴	아이연정 (亞爾然丁)	아르헨티나
구라파(歐羅巴)	유럽	파란(波蘭)	폴란드	소격란(蘇格蘭)	스코틀랜드
나마(羅馬)	로마	파사(波斯)	페르샤	태국(泰國)	타일랜드
몽고(蒙古)	몽골	뉴육(紐育)	뉴욕	백의의(白耳義)	벨기에
백림(伯林)	베를린	토이기(土耳其)	터어키	마이새(馬耳塞)	마르세이유
해아(海牙)	헤이그	분란(芬蘭)	핀란드	포도아(葡萄牙)	포루투갈
나성(羅城)	로스앤젤레스	화란(和蘭)	네덜란드	오지리(墺地利)	오스트리아
노서아(露西亞)	러시아	성림(聖林)	헐리우드	백랄서이 (伯剌西爾)	브라질
지나(支那)	차이나	미국(美國)	아메리카	수부(壽府)	제네바
법국(法國)	프랑스	희랍(希臘)	그리스	이태리(伊太利)	이탈리아
애란(愛蘭)	아일랜드	아세아(亞細亞)	아시아	아불리가 (阿弗利加)	아프리카
상항(桑港)	샌프란시스코	윤돈(倫敦)	런던	해삼위(海蔘威)	블라디보스톡
파리(巴里)	파리	정말(丁抹)	덴마크	신서란(新西蘭)	뉴질랜드
나전(羅典)	라틴				

4장
한자어(漢字語)의 구성과 문장 구조

1 한자어의 구성

　한자어란 하나 또는 둘 이상 한자의 결합으로 되어 한국어로 사용되는 한국식 발음의 단어이다. 이러한 한자어에서 한자가 결합된 관계를 '한자어의 구성'이라고 한다.

　단어의 한자어를 한문(漢文)으로 인식해 보는 과정은 한문 독해를 위한 실질적인 요령이 될 수 있다. 이때 유의할 것은 한자어를 우리말이라는 전제에서 출발하지 말고, 한자로 된 단어와 문장이라는 관점에서 접근해야 한다는 점이다.

1) 대립[상대] 관계

뜻이 서로 반대 또는 상대되는 한자끼리 연이어 결합된 한자어의 짜임을 대립(상대=이류) 관계라 한다(=상대자).

예) 古 ↔ 今(고금), 前 ↔ 後(전후), 左 ↔ 右(좌우) 등.

2) 유사[동류] 관계

뜻이 같거나 비슷한 한자끼리 연이어 결합된 한자어의 짜임을 유사(동류) 관계라 한다.

예) 海＝洋(해양), 星＝辰(성신), 順＝序(순서) 등.

3) 대등 관계

뜻이 서로 대등한 한자끼리 연이어 결합된 한자어의 짜임을 대등관계라 한다.

예) 父－母(부모), 夫－婦(부부), 兄－弟(형제), 子－女(자녀) 등.

4) 수식 관계

수식어와 피수식어의 관계로 짜여진 것으로, 수식어에는 명사류를 수식하는 것과 동사류를 수식하는 것이 있다.

예) ① 관형어 + 체 언: 明月(명월), 淸水(청수), 長江(장강)
    ② 부사어 + 서술어: 高飛(고비), 恒愛(항애)

5) 주술 관계

주어와 서술어의 관계로 결합된 한자어의 짜임을 주술관계라 한다. 서술어는 행위, 동작, 상태 등을 나타내고 주어는 그 주체가 된다(한문 구조에서는 주술 구조가 됨).

예) 鳥(새) / 飛(날다), 人(사람) / 造(만들다), 國(나라) / 立(세워지다)
　　地(땅) / 動(움직이다).

6) 술보 관계

서술어와 보어의 관계로 결합된 한자어의 짜임을 술보 관계라 한다. 서술어는 행위나 동작을 나타내고, 보어는 서술어를 도와 부족한 뜻을 완전하게 해 준다.

예) 登(가다) / 校(학교에), 入(들어가다) / 學(학교에), 無(없다) / 力(힘이),
　　歸(돌아가다) / 家(집에), 登(오르다) / 山(산에).

7) 술목 관계

서술어와 목적어의 관계로 결합된 한자어의 짜임을 술목 관계라 한다. 서술어는 행동이나 동작을 나타내고, 목적어는 그 대상이 된다.

예) 開(시작하다) / 會(회의를), 救(구하다) / 國(나라를), 植(심다) / 木(나무를),
　　潔(깨끗이 하다) / 己(자기를), 成(이루다) / 功(공을).

8) 첩어 관계

같은 글자가 겹쳐져 뜻을 강조시킨다.

예) 年年(연년): 해마다.

處處(처처): 곳곳에.

家家戶戶(가가호호): 집집마다.

堂堂(당당): 의젓하게.

急急(급급): 바쁘게.

深深(심심): 아주 깊은.

正正堂堂(정정당당): 태도나 수단이 공정하고 떳떳함.

時時刻刻(시시각각): 시각마다.

9) 융합 관계

서로 전혀 다르거나 관계없는 두 개의 글자가 결합하여 새로운 뜻을 가지게 되는 관계.

예) 春 + 秋(춘추): 나이, 연세, 역사.

光 + 陰(광음): 세월.

琴 + 瑟(금슬): 부부 사이가 화락함.

秋 + 毫(추호): 매우 작은 것.

矛 + 盾(모순): 말의 앞뒤가 맞지 않음.

白 + 眉(백미): 여럿 중 가장 뛰어난 것.

한문 문장의 형식(形式)은 특정한 구조 속에서 특정한 글자를 주로 사용하여 여러 가지 문장의 종류를 결정한다. 때문에 각 문장의 종류마다 결정하는 특정 글자를 중심으로 이해하면 된다.

〈{a}주어 + {b}서술어〉
〈{a}주어 + {b}서술어 + {a}목적어〉
〈{a}주어 + {b}서술어 + (於) + {a}보어〉
〈{a}주어 + {b}서술어 + {a}목적어 + (於) + {a}보어〉
'{a}-관형어, {b}-부사어'가 주 성분의 글자 앞에 삽입되어 문장이 확장된다.

한문의 문장 구조(構造)에서의 유의할 점은 우리말과의 어순(語順)이 차이가 난다는 사실이다. 우선 서술어와 목적어의 순서가 우리말의 순서와 다르다.
기본적인 {주어+서술어+목적어[보어]}의 성분 구조에 관형어와 부사어가 각 성분 앞에 수식의 구조로 삽입되면서 문장이 길어지는 것이다.
한문 문장도 처음 한문의 독해를 이해할 때 기본적인 구조와 유형을 잘 알아두면 다양한 형태의 문장을 이해하기 쉽게 된다.

3 한문 문장의 유형

1) 平敍文(평서문)
한문의 기본적인 어순을 그대로 지킨 평범한 문장.

· 孝 百行之本也
　효　백　행　지　본　야

　효는 모든 행동의 근본이다.

· 勤 爲無價之寶
　근　위　무　가　지　보

　근면함은 값을 따질 수 없는 보물이다.

2) 否定文(부정문)
부정사를 사용하여 부정의 의미를 지닌 문장.

· 見義不爲 無勇也
　견　의　불　위　무　용　야

　의를 보고 행동하지 않으면 용기가 없는 것이다.

· 是 非君子之道
　시　비　군　자　지　도

　이것은 군자의 도리가 아니다.

· 學樂與爲學 無異矣
　학　악　여　위　학　무　이　의

　음악을 배우는 것과 학문을 하는 것은 다르지 않다.

3) 疑問文(의문문)

의문사와 의문종결사를 사용한 의미의 뜻을 지닌 문장.

· 何日是歸年
　하 일 시 귀 년

어느 날이 (내가 고향으로) 돌아갈 해인가?

· 以子之矛 陷子之盾 何如
　이 자 지 모 함 자 지 순 하 여

당신의 창으로 당신의 방패를 뚫는다면 어떻게 됩니까?

4) 反語文(반어문)

말을 거꾸로 돌려 의문의 형태로 강조하는 문장.

· 割鷄 焉用牛刀
　할 계 언 용 우 도

닭을 잡는데, 어찌 소 잡는 칼을 쓰리오?

· 不入虎穴 安得虎子
　불 입 호 혈 안 득 호 자

호랑이 굴에 들어가지 않는다면 어찌 호랑이 새끼를 얻겠는가?

5) 比較文(비교문)

어조사나 비교형용사를 사용하여 비교를 의미하는 문장.

· 氷水爲之而寒於水
　빙 수 위 지 이 한 어 수

얼음은 물이 그것을 만들었지만 물보다 차갑다.

· 苛政猛於虎
  가 정 맹 어 호

가혹한 정치는 호랑이보다 사납다.

· 光陰 速於矢
  광 음 속 어 시

세월은 화살보다 빠르다. (光陰은 日月, 곧 歲月)

· 言勿異於行 行勿異於言
  언 물 이 어 행 행 물 이 어 언

말은 행동과 달리하지 말고, 행동은 말과 달리하지 말라.

· 國之語音 異乎中國
  국 지 어 음 이 호 중 국

나라의 말이 중국과 다르다.

6) 假定文(가정문)

가정의 의미를 지닌 부사 등으로 가정을 의미하는 문장.

· 春若不耕 秋無所望
  춘 약 불 경 추 무 소 망

봄에 만약 밭 갈지 않으면 가을에 바랄 것이 없다.

· 苟正其身 於政乎何有
  구 정 기 신 어 정 호 하 유

진실로 그 몸가짐이 바르다면 정치에 있어서 무슨 어려움이 있겠는가? ('何有'는 '何難之有'의 준말)

· 苟非吾之所有 雖一毫而莫取
  구 비 오 지 소 유 수 일 호 이 막 취

진실로 나의 것이 아니라면 비록 하나의 터럭이라도 취하지 말라.

7) 使役文(사역문)

사역의 의미를 지닌 보조사 등을 사용한 문장.

· 天帝 使我長百獸
  천 제 사 아 장 백 수

  천제께서 나로 하여금 온갖 짐승들의 우두머리로 삼으셨다.

· 誰敎其人作此詩乎
  수 교 기 인 작 차 시 호

  누가 그 사람으로 하여금 이 시를 짓게 하였는가?

· 賢婦令夫貴
  현 부 영 부 귀

  어진 아내는 남편으로 하여금 귀하게 쓰이도록 만든다.

8) 被動文(피동문)

보조사나 어조사를 사용한 피동의 의미를 지닌 문장.

· 匹夫見辱 拔劍而起
  필 부 견 욕 발 검 이 기

  필부는 욕을 당하면 칼을 뽑아 일어난다.

· 身爲宋國笑
  신 위 송 국 소

  자신은 송나라의 웃음거리가 되었다.

· 所殺者 赤弟之子
  소 살 자 적 제 지 자

  죽음을 당한 사람은 적제의 아들이다.

· 何以爲我擒
  하 이 위 아 금

  어찌하여 나에게 사로잡히게 되었는가?

9) 禁止文(금지문)

금지보조사를 사용한 금지하는 의미를 지닌 문장.

· 無友不如己者
　무 우 불 여 기 자

자기만 못한 사람과는 사귀지 말라.

· 過則勿憚改
　과 즉 물 탄 개

허물이 있으면 고치기를 꺼리지 말라.

· 不患人之不己知
　불 환 인 지 부 기 지

남이 알아주지 않는다고 해서 근심하지 말라.

· 無說人之短
　무 설 인 지 단

남의 단점을 말하지 말라.

10) 請誘文(청유문)

말하는 이가 듣는 이에게 함께 행동하자고 권유하는 문장.

· 王請度之
　왕 청 탁 지

왕께서는 청컨대, 이것을 헤아려 주십시오.

· 願夫子輔吾志
　원 부 자 보 오 지

원컨대, 선생님께서는 저의 뜻을 도와주시기 바랍니다.

11) 限定文(한정문)

한정부사나 종결사를 사용하여 의미를 한정하는 문장.

· 直不百步耳 是亦走也
　直不百步耳　是亦走也
　직불백보이　시역주야

다만 백 걸음이 아닐 뿐이지 이것 역시 달아난 것입니다.

· 唯仁者 能好人 能惡人
　유인자　능호인　능오인

오직 어진 사람만이 사람을 좋아할 수 있고 사람을 미워할 수 있는 것이다.

· 夫子之道 忠恕而已矣
　부자지도　충서이이의

선생님의 도는 충서(충실함과 너그러움)일 뿐이다.

12) 感歎文(감탄문)

감탄사나 종결사를 사용하여 탄식하는 의미의 문장.

· 嗚呼 國恥民辱 乃至於此
　오호　국치민욕　내지어차

아! 나라의 치욕과 백성의 욕됨이 이에 여기에 이르렀구나.

· 逝者 如斯夫 不舍晝夜
　서자　여사부　불사주야

흘러가는 것이 이와 같구나 밤낮을 쉬지 않네.

· 管仲之器 小哉
　관중지기　소재

관중의 그릇됨이 작구나.

4 한문 문장의 독해

1) 표현을 구체화하는 수식

春來(춘래): 봄이 오다 → 陽春方來(양춘방래): 따뜻한 봄이 바야흐로 오고 있다.

⇨ 위의 문장은 우리말 어순과 같은 구조이다. 수식하는 말들이 포함되면서 문장의 의미가 한층 구체적으로 표현된다.

2) 순차적인 독해

· 大器晚成
  대 기 만 성

큰 그릇은 늦게 이루어진다.

· 孔子聖人也
  공 자 성 인 야

공자는 성인이다.

· 汝言誠是
  여 언 성 시

너의 말이 진실로 옳다.

3) 서술어는 맨 나중에 해석한다.

· **男兒須讀五車書**
　　남 아 수 독 오 거 서

남자는 모름지기 다섯 수레의 책을 읽어야만 한다.

⇨ 한문 문장 독해에서 가장 중요한 목적어 성분을 포함하고 있으며 우리말 어순과 다른 형태의 문형이다. 우리말로 해석할 때 문장의 서술어에 해당하는 글자인 '독(讀, 읽다)'을 제일 나중에 해석한다.

· **忠臣不事二君**
　　충 신 불 사 이 군

충성스러운 신하는 두 임금을 섬기지 않는다.

⇨ 한문 문장의 독해 요령 중의 하나로 문장 속에서 서술어 성분의 글자를 확인하면 문장의 구조를 확인할 수 있기 때문에 독해를 쉽게 할 수 있다. 문장 속에서 '不' 뒤의 글자가 서술어이다.

4) 보어와 어조사의 위치

목적어 성분이 있는 구조와 독해 순서는 같지만 목적어가 아닌 보어에 해당하는 구조이다. '보어(補語)' 성분의 글자가 올 때는 서술어와 보어 사이에 어조사 '於(어)'를 삽입해서 목적어 성분과 구별한다. 어조사는 앞의 글자가 서술어 성분의 글자라는 것을 미루어 알 수 있다.

·花發於庭
　화　발　어　정

꽃이 뜰에 피었다.

·春花滿發於前庭
　춘　화　만　발　어　전　정

봄꽃이 앞뜰에 가득 피었다.

5) 어조사의 쓰임새

·青出於藍而青於藍
　청　출　어　람　이　청　어　람

청색은 쪽빛에서 나왔으나 쪽빛보다 푸르다.

⇨ '어조사 於'의 쓰임과 '말이을 而(이)'의 의미에 주목해 보자.

·父母之恩　高於山
　부　모　지　은　고　어　산

부모의 은혜는 산보다 높다.

⇨ 於: (1)~에,~에서: 처소, 출발 등의 의미일 때, (2)~보다: 비교의 의미일 때, (3)서술어
　 가 동사일 때는 ~에(~에서), 서술어가 형용사일 때는 ~보다로 해석됨.

⇨ 而: (1) 그리고, 그래서(순접), (2) 그러나, 그렇지만(역접)의 접속사의 의미로 해석됨.

⇨ 之: (1)~이(가): 서술어 앞에 쓰일 때, (2)~의(~하는): 명사 앞에 쓰일 때, (3)이것(그
　 것): 서술어 뒤에 쓰일 때, (4) 之자 뒤에 띄어쓰기나 문장이 끝났을 경우는 모두 대명
　 사의 이것(그것)의 뜻으로 해석됨.

6) 예외적인 구조

문장 속에 목적어 성분과 보어 성분의 글자가 모두 표현된 경우가 있다. 서술어 성분 뒤에 바로 목적어 성분이 오고, 그 뒤에 구별하는 어조사 於를 쓰고 보어 성분의 글자를 사용하고 있다.

· 孔子問禮於老子
  공 자 문 예 어 노 자

공자가 노자에게 예를 물었다.

· 王賜酒於臣
  왕 사 주 어 신

왕이 신하에게 술을 내려주었다.

좌우명의 유래와 사례

1 좌우명의 유래

'좌우명(座右銘)'이란 말 그대로 '자리 곁에 붙여놓고 반성의 계율로 삼는 격언(格言)이나 경구(警句)'를 말한다. 대체로 경전(經典)에 있는 명언명구(名言名句)나 명문장, 시의 문구, 또는 친구들의 증정한 문구 등이 여기에 해당한다.

좌우명(座右銘)의 유래는 공자(孔子)와 관계가 있다. 공자 시대에는 문장 대신 일종의 술독을 갖다 놓았다고 전한다.

춘추오패(春秋五覇)의 하나였던 제(齊)나라의 환공(桓公)이 죽자 나라에서는 묘당(廟堂)을 세우고 각종 제기(祭器)를 진열해 놓았다. 그 제기 중에는 이상한 술독이 하나 있었다. 이 술독은 텅 비어 있을 때는 기울어져 있다가도 술을 반쯤 담으면 바로 섰다가 가득 채우면 엎어지곤 했다.

하루는 공자가 제자들과 함께 그 묘당을 찾았다. 박식했던 공자도 그 술독만은 알아볼 수 없었던 모양이다. 담당 관리에게 듣고 나서야 그는 비로소 무릎을 쳤다.

"아! 저것이 그 옛날 제환공(齊桓公)이 의자 오른쪽에 두고 가득 차는 것을 경계했던 바로 그 술독이로구나!"

공자는 제자들에게 물을 길어와 그 술독을 채워보게 했다. 과연 처음 비스듬히 세워져 있던 술독이 물이 차오르면서 바로 서더니 나중에는 다시 쓰러지는 것이 아닌가. 물을 쏟아 버리자 독은 다시 기울어졌다. 그러자 공자가 말했다.

"공부도 이와 같다. 다 배웠다고(가득 찼다고) 교만을 부리는 자는 반드시 화를 당하게 되는 법이다."

집에 돌아온 공자는 똑같은 술독을 만들어 의자 오른쪽에 두고는 스스로를 가다듬었다고 한다.

훗날 좌우명 술독은 간결한 문장으로 대체되었다.

한(漢)나라 때 최원(崔瑗)이라는 이가 있었다. 그는 형이 괴한에게 피살되자 원수를 갚으러 길을 나섰다가 복수를 하고 나서는 줄곧 도망 다녔다. 훗날 사면을 받아 고향에 돌아온 그는 자기의 행실을 바로잡을 문장을 지어 의자 오른편에 걸어두고는 매일 읽어보며 마음을 가다듬었다고 한다. 이것이 좌우명(座右銘)이라는 말에 얽힌 이야기다.

좌우명(座右銘) 하나를 정해 두고 마음을 수양하는 디딤돌로 삼는 것도 좋은 일임에 틀림없다.

中庸
중 용
좌로나 우로 치우치지 않음

博愛
박 애
모든 이를 차별하지 않고 공평하게 사랑함

染常淨
염 상 정
더러운 곳에서도 늘 깨끗하라

磨鐵杵
마 철 저
쇠를 다듬어 바늘을 만듦

誠敬直
성 경 직
성실과 공경과 정직함

知仁勇
지 인 용
지혜와 어짐과 용기

眞善美
진 선 미
참되고 선하며 아름다움

信望愛
신 망 애
믿음과 소망과 사랑

靜中動
정 중 동
조용한 가운데 움직임

樂則安
낙 즉 안
기쁘고 즐거우니 마음이 편안함

同心協力
동 심 협 력
마음을 모으고 힘을 합침

萬福雲興
만 복 운 흥
만가지의 복이 구름처럼 일어남

5장 좌우명과 명언명구

非禮不動
비 례 부 동
예의에 맞지 않으면 행동하지 않음

霜松常靑
상 송 상 청
서리가 내려도 소나무는 늘 푸르름을 잃지 않음

安居危思
안 거 위 사
편안할 때 위기에 대비함

一念通天
일 념 통 천
한결 같은 마음은 하늘에 통함

存心守道
존 심 수 도
마음을 간직하고 도리를 지킴

苦盡甘來
고 진 감 래
고생이 다하면 낙이 옴

公平無私
공 평 무 사
공평하여 사사로움이 없음

克己復禮
극 기 복 례
자신의 욕심을 억제하고 올바르게 행동을 한다

結者解之
결 자 해 지
자기가 한 일은 스스로 해결함

結草報恩
결 초 보 은
죽어서도 잊지않고 은혜를 갚음

君家受福
군 가 수 복
군자다운 집안은 행복한 가정을 이룸

勤儉和順
근 검 화 순
부지런하고 검소하며 온화하고 유순함

慈悲無敵
자 비 무 적
어진 마음을 품으면 적이 생기지 않음

正近邪遠
정 근 사 원
바른 것은 가까이하고 사악한 것은 멀리함

忍中有和 　참는 가운데 평화가 깃듦
인 중 유 화

初志一貫 　처음 정한 뜻을 끝까지 지켜냄
초 지 일 관

仁者無敵 　어진 사람은 적이 없음
인 자 무 적

言行一致 　말과 행동이 일치함
언 행 일 치

弘益人間 　널리 세상을 이롭게 만듦
홍 익 인 간

仁義禮智 　어질고 의로우며 예를 갖추며 지혜로움
인 의 예 지

孝悌忠信 　효도, 우애, 충성, 믿음.
효 제 충 신

博文約禮 　널리 배우고 간추려 실천함
박 문 약 례

樂善不倦 　선함을 즐기는 이는 권태롭지 않다
낙 선 불 권

自勝子強 　자신을 이기는 자가 강한 자이다
자 승 자 강

人一己百 　남이 한 번 실행할 때, 나는 백 번을 연습함
인 일 기 백

無言實踐 　모든 일은 말없이 실행한다
무 언 실 천

熟慮斷行 　깊이 생각한 뒤 실행하라
숙 려 단 행

仁者無憂 　어진 이는 근심이 없다
인 자 무 우

自彊不息
자 강 불 식
스스로 굳세어지기를 쉬지 않고 노력함

尊師愛生
존 사 애 생
스승을 존경하고 학생을 사랑하라

知足常樂
지 족 상 락
만족함을 알면 언제나 즐겁다

眞光不輝
진 광 불 휘
진실의 빛은 겉으로 드러나지 않는다

正心誠意
정 심 성 의
마음은 바르게 하고 뜻은 참되게 한다

接人春風
접 인 춘 풍
사람을 대할 때는 봄바람처럼 부드럽게 하라

知足者富
지 족 자 부
자기 분수에 만족할 수 있는 자는 마음이 부자다

飽德醉義
포 덕 취 의
덕에 배부르고 의로움에 취함

和氣致祥
화 기 치 상
온화하고 부드러운 기운이 집안에 가득함

浩然之氣
호 연 지 기
무엇에도 구애받지 않고 당당한 기운

事必歸正
사 필 귀 정
일은 반드시 바르게 풀리어 감

三思一言
삼 사 일 언
세 번 생각한 후 한 마디 말을 함

無汗不成
무 한 불 성
땀 흘리지 않으면 어떤 일도 이루지 못함

開卷有得
개 권 유 득
책을 펼치면 유익함이 있음

敎學相長
교 학 상 장
가르치고 배우며 함께 성장함

百忍三省
백 인 삼 성
백 번 참고 세 번을 깊이 반성함

愼思篤行
신 사 독 행
신중히 생각하고 성실히 행함

大志遠望
대 지 원 망
뜻을 크게 품고 희망을 원대하게 가짐

敬天愛人
경 천 애 인
하늘을 공경하고 사람을 사랑함

有志竟成
유 지 경 성
뜻이 있으면 결국 그 꿈을 이룸

愛語和顔
애 어 화 안
사랑스러운 말, 온화한 얼굴 빛

慈顔愛語
자 안 애 어
웃는 얼굴 사랑스런 말씨

先公後私
선 공 후 사
공적인 일이 사적인 일보다 우선함

氣山心海
기 산 심 해
우람한 산과 같고, 마음은 드넓은 바다 같이

露積成海
노 적 성 해
모여서 바다를 이룸

訥言敏行
눌 언 민 행
조심히 하고, 행동은 바르게 함

一忍長樂
일 인 장 락
한 번 참으면 즐거움을 오래 누림

溫故知新
온 고 지 신
옛 것을 익히면 새로움을 알게 됨

愚公移山 차근차근히 실행하면 끝내 산도 옮김
우 공 이 산

有備無患 미리 준비가 되어 있으면 걱정이 없음
유 비 무 환

敬天尊地愛人 하늘을 공경하고 땅을 귀하게 여기고 사람을 사랑하여라
경 천 존 지 애 인

公生明, 偏生闇 공평한 마음은 밝음을 낳고, 편협한 마음은 어둠을 낳는다
공 생 명   편 생 암

遲遲澗松畔 鬱鬱含晚翠
지 지 간 송 반   울 울 함 만 취

저 물가의 소나무는 더디고 더디게 자라지만

울창하고 울창하게 늦도록 푸르름을 품고 있구나

학과 _____ 학번 _____ 이름 _____

각자 자신의 좌우명으로 삼을 만한 구절을 찾아보자

• 나의 한자 좌우명

  – 좌우명 문구:

  – 뜻:

• 내가 이 좌우명을 선택한 이유(400자 이내)

6장

고사성어의 세계와 고사성어 50선

1 고사성어의 세계

1) 刻舟求劍(각주구검)

楚人有涉江者,
초 인 유 섭 강 자

초나라 사람 중에 강을 건너는 사람이 있었다.

其劍自舟中墜於水,
기 검 자 주 중 추 어 수

그의 칼이 배에서 물속으로 떨어지니

---

*自(자): '~부터'의 뜻.
*墜(추): 떨어지다.

遽刻其舟曰,
거 각 기 주 왈

갑자기 그 배에 표시하고 말하였다.

"是, 吾劍之所從墜."
시 오 검 지 소 종 추

"이곳은 내 칼이 떨어진 곳이다."라고 하였다.

舟止, 從其所刻者, 入水求之,
주 지 종 기 소 각 자 입 수 구 지

배가 멈추자 그 새긴 곳으로부터 물속으로 들어가 칼을 찾았다.

舟已行矣, 而劍不行.
주 이 행 의 이 검 불 행

하지만 배는 이미 지나왔는데 칼은 지나가지 않았다.

求劍若此, 不亦惑乎
구 검 약 차 불 역 혹 호

칼을 찾는 것이 이와 같다면 또한 어리석지 아니한가?

—『여씨춘추(呂氏春秋)』

---

*遽(거): 문득, 급히.
*是(시): 지시대명사. '이, 이곳, 여기'의 뜻.
*從(종): '~부터'의 뜻.
*惑(혹): 미혹하다.

2) 守株待兔(수주대토)

宋人有耕田者. 田中有株. 兔走觸株. 折頸而死.
송 인 유 경 전 자   전 중 유 주   토 주 촉 주   절 경 이 사

송나라 사람으로 밭을 가는 자가 있었다. 밭에 그루터기가 있어 토끼가 달려가다가 거기에 부딪쳐 목이 부러져 죽었다.

因釋其耒而守株, 冀復得兔, 兔不可復得, 而身爲宋國笑.
인 석 기 뢰 이 수 주   기 부 득 토   토 불 가 부 득   이 신 위 송 국 소

이로 인해 쟁기를 풀어 놓고 그루터기를 지키며 다시 토끼를 얻고자 했다. 그러나 토끼를 다시 얻지는 못하고 그 자신은 송나라 사람들의 웃음거리가 되었다.

今欲以先王之政, 治當世之民, 皆守株之類也.
금 욕 이 선 왕 지 정   치 당 세 지 민   개 수 주 지 류 야

지금 선왕의 정치로써 당대의 백성을 다스리고자 하는 것은 모두 그루터기를 지키는 것과 다름없다.

—『韓非子(한비자)』

---

*耕(경): 갈다.
*株(주): 그루터기.
*頸(경): 목.
*因(인): ~로 인하여.
*釋(석): 풀다.
*冀(기): 바라다.
*笑(소): 웃음거리.
*當(당): 당면하다.
*類(류): 무리.

3) 矛盾(모순)

楚人有鬻楯與矛者,
초 인 유 육 순 여 모 자

초나라 사람 중에 방패와 창을 파는 사람이 있었다.

譽之曰: "吾楯之堅, 勿莫能陷也."
예 지 왈   오 순 지 견   물 막 능 함 야

그것들을 자랑하며 말하기를, "내 방패는 견고하여 어떤 것도 뚫을 수 없다."라고 하고,

又譽其矛曰: "吾矛之利, 於物無不陷也."
우 예 기 모 왈   오 모 지 리   어 물 무 불 함 야

또 그 창을 자랑하며 말하기를, "내 창은 날카로워 뚫지 못할 것이 없다."라고 하였다.

惑曰: "以子之矛, 陷子之楯, 何如?" 其人弗能應也.
혹 왈   이 자 지 모   함 자 지 순   하 여   기 인 불 능 응 야

어떤 사람이 말하기를, "그대의 창으로 그대의 방패를 뚫으면 어떻게 되겠는가?"라고
하니 그가 대답하지 못했다.

—『한비자(韓非子)』

---

*楯(순): 방패(=盾).
*鬻(육): 팔다.
*譽(예): 기리다.
*莫能(막능): ~할 수 없다.
*陷(함): 빠지다, 뚫다.
*利(리): 예리하다.
*弗(불): '不(불)'보다 강한 부정의 뜻.

4) 塞翁之馬(새옹지마)

近塞上之人, 有善術者,
근 새 상 지 인   유 선 술 자

변방 가까이 사는 사람 중에 점을 잘 보는 이가 있었다.

馬無故亡而入胡, 人皆弔之,
마 무 고 망 이 입 호   인 개 조 지

(키우던) 말이 까닭 없이 도망하여 오랑캐 땅으로 들어갔다. 사람들이 모두 이 일을 위로 하니,

其父曰, "此何遽不爲福乎?"
기 부 왈   차 하 거 부 위 복 호

그 노인이 말하기를 "이것이 어찌 복이 되지 않겠는가?"라고 했다.

居數月, 其馬將胡駿馬而歸, 人皆賀之,
거 수 월   기 마 장 호 준 마 이 귀   인 개 하 지

몇 달이 지난 후 그 말이 오랑캐의 준마를 데리고 돌아왔다. 사람들이 모두 축하하니,

其父曰, "此何遽不爲禍乎?"
기 부 왈   차 하 거 부 위 화 호

그 노인이 말하기를 "이것이 어찌 화가 되지 않겠는가?"라고 했다.

---

*塞(새): 변방.
*善術(선술): 점술에 능하다. 여기서 '善(선)'은 '잘하다'의 뜻.
*無故(무고): 까닭 없이. 여기서 '故'는 '까닭'의 뜻.
*亡(망): 도망하다.
*將(장): 동반하다.

家富良馬, 其子好騎, 墮而折其髀, 人皆弔之,
가 부 양 마　기 자 호 기　타 이 절 기 비　인 개 조 지

집에 좋은 말이 많아지니 그 아들이 말 타기를 좋아하다가 떨어져서 넓적다리가 부러졌다. 사람들이 모두 위로하니,

其父曰, "此何遽不爲福乎?"
기 부 왈,　차 하 거 부 위 복 호

그 노인이 말하기를 "이것이 어찌 복이 되지 않겠는가?"라고 했다.

居一年, 胡人大入塞, 丁壯者引弦而戰,
거 일 년,　호 인 대 입 새,　정 장 자 인 현 이 전

일 년 있다가 오랑캐가 대거 변방에 쳐들어왔다. 젊은 사람들이 활을 쏘며 싸우니,

近塞之人, 死者十九, 此獨以跛之故, 父子相保.
근 새 지 인　사 자 십 구,　차 독 이 파 지 고　부 자 상 보

변방 근처의 사람들 중 죽은 사람이 대부분이나 아들만은 절름발이인 까닭에 부자가 서로 목숨을 보전했다.

—『회남자(淮南子)』

---

*良馬(양마): 좋은 말. 여기에서 '良(량)'은 '훌륭하다'의 뜻.
*富(부): 넉넉하다.
*墮(타): 떨어지다.
*髀(비): 넓적다리.
*丁壯(정장): 장정. 젊은이.
*弦(현): 활시위.
*十九(십구): 열 중 아홉. 십중팔구. 대부분.
*跛(파): 절뚝거리다(跛行: 어떤 일이 순조롭지 않은 상태로 나아감.)

5) 背水之陣(배수지진)

諸將問韓信曰, "兵法, '右背山陵, 前左水澤',
_{제 장 문 한 신 왈 병 법 우 배 산 릉 전 좌 수 택}

여러 장수가 한신에게 묻기를, "병법에 오른쪽으로 산과 언덕을 등지고, 왼쪽으로 물과 못을 앞에 두라 하였습니다.

今者, 將軍令臣等, 反背水陳, 臣等不服,
_{금 자 장 군 령 신 등 반 배 수 진 신 등 불 복}

오늘 장군께서는 신들로 하여금 도리어 물을 등지고 진을 치게 하시어 신들이 복종하지 않았습니다.

然竟以勝, 此何術也?"
_{연 경 이 승 차 하 술 야}

그런데 마침내 이겼으니 이는 어떤 병술입니까?"

信曰, "此在兵法, 顧諸君不察耳.
_{신 왈 차 재 병 법 고 제 군 불 찰 이}

한신이 말하기를, "이것은 병법에 있으나 다만 여러분이 상세히 살피지 못했을 뿐이다.

兵法不曰, '陷之死地而後生, 置之亡地而後存?'
_{병 법 불 왈 함 지 사 지 이 후 생 치 지 망 지 이 후 존}

병법에 '죽을 땅에 빠진 뒤에야 살고, 망할 땅에 놓인 뒤에 보존된다.'라고 하지 않았던가?

---

*背(배): 등지다.

*陣(진): 진을 치다.

*倍(배): 등지다.

*今者(금자): 오늘. 여기에서 '者(자)'는 때를 나타내는 조자(助字).

*令(령): 하여금.

*等(등): 다수를 나타내는 접미사. 들, 등.

*反(반): 도리어.

*服(복): 항복하다.

*勝(승): 낫다.

*顧(고): 다만.

*耳(이): 한정을 나타내는 어조사로 '오직 ~뿐'의 뜻. '而已(이이)', '爾(이)' 등과 쓰임이 같음.

且信, 非得素撫順將卒也.
차 신　 비 득 소 무 순 장 졸 야

또 내가 평소에 장졸을 길들여 따르게 할 수 없었으니,

此所謂, '驅市人而戰之',
차 소 위 　 구 시 인 이 전 지

이는 이른바 '저자 사람을 몰아서 싸우는 것'이다.

其勢, 非置之死地, 則不可."
기 세 　 비 치 지 사 지 　 즉 불 가

그 기세가 죽을 땅에 두지 않으면 이기지 못하였을 것이다."라고 하였다.

―『史記(사기)』

---

*素(소): 평소.

6) 杞憂(기우)

杞國有人 憂天崩墜 身無所寄 廢寢食者
기 국 유 인　우 천 붕 추　신 무 소 기　폐 침 식 자

기나라에 어떤 사람이 하늘이 무너져내리면 몸이 의지할 곳이 없을 것을 근심하고 침식(먹고 자는 일)을 그만둔 자가 있었는데,

又有憂彼之所憂者 因往曉之曰
우 유 우 피 지 소 우 자　인 왕 효 지 왈

또 저쪽 사람이 근심하는 것을 근심하는 자가 있어서, 가서 깨우쳐주며 말했다.

天積氣耳 奈何憂崩墜乎
천 적 기 이　나 하 우 붕 추 호

"하늘은 기가 쌓인 것일 따름이니, 어찌 무너져내릴 것을 근심하는가?"

其人曰 天果積氣 日月星宿 不當墜耶
기 인 왈　천 과 적 기　일 월 성 수　부 당 추 야

그러자 그 사람이 "하늘이 과연 기가 쌓인 것이라면, 해와 달과 별은 마땅히 떨어지지 않겠는가?"라고 하였다.

曉之者曰 日月星宿 亦積氣中 有光曜者 只使墜 又不能有
효 지 자 왈　일 월 성 수　역 적 기 중　유 광 요 자　지 사 추　우 불 능 유

所中傷
소 중 상

깨우쳐 주는 자가 말하기를, "해와 달과 별도 또한 기를 쌓은 가운데 빛남이 있는 것이니, 다만 가령 떨어진다 해도 또 맞아서 다치는 일은 있을 수 없다."라고 하였더니,

其人曰 奈地壞何
기 인 왈　내 지 괴 하

그 사람이 "땅이 무너지면 어찌 하리오?"라고 하였다.

曉者曰 地積塊耳 奈何憂其壞 其人舍然大喜 曉之者亦舍
효 자 왈　지 적 괴 이　내 하 우 기 괴　기 인 사 연 대 희　효 지 자 역 사

然大喜.
연 대 희

　　그러자 또 깨우쳐주는 자가 말하기를, "땅은 흙덩이를 쌓은 것일 따름이니, 어찌 그 무너
질 것을 근심하는가?"라고 하자 그 사람이 근심을 떨쳐 버린 듯 크게 기뻐하고 깨우쳐
주는 자도 또한 근심을 떨쳐 버린 듯이 크게 기뻐하였다.

—『열자(列子)』

7) 畵蛇添足(화사첨족)

楚有祠者, 賜其舍人卮酒 舍人相謂曰,
<small>초 유 사 자   사 기 사 인 치 주   사 인 상 위 왈</small>

초나라에 제사를 지내고 난 사람이 하인들에게 술이 담긴 잔을 줬다. 하인들은 서로 의로 의논하면서 말하기를,

"數人飮之不足, 一人飮之有餘 請畵地爲蛇, 先成者飮酒."
<small>수 인 음 지 부 족   일 인 음 지 유 여   청 화 지 위 사   선 성 자 음 주</small>

"여러 사람이 마시기에는 부족하고 한 사람이 마시면 남겠구먼. 바닥에 뱀을 그려서 먼저 다 그리는 사람이 술을 마시기로 하자."

一人蛇先成, 引酒且飮之,
<small>일 인 사 선 성   인 주 차 음 지</small>

어떤 사람이 뱀을 가장 먼저 완성하자 술을 끌어당겨 마시려고 했다.

乃左手持卮, 右手畵蛇, 曰, "吾能爲之足."
<small>내 좌 수 지 치   우 수 화 사   왈   오 능 위 지 족</small>

뜻밖에 왼손으로 술잔을 잡고 오른손으로는 뱀을 그리면서 말하기를, "나는 뱀 다리도 그릴 수 있다."라고 했다.

---

*祠: 제사, 제사지내다
*舍人: 집에서 심부름 하는 하인
*卮: 잔, 술잔.
*卮酒: 잔에 담긴 술, 아주 적은 양의 술
*數: 몇, 여러
*餘: 남다, 남기다.
*畵: 그림, 그리다
*蛇: 큰(긴) 뱀
*引: 끌다, 당기다
*且: 장차 ~하려 하다.
*乃: 뜻밖에, 의외로, 도리어
*持: 가지다, (손에)잡다, 쥐다.

未成, 一人之蛇成, 奪其卮曰,
미 성   일 인 지 사 성   탈 기 치 왈

다 완성하기 전에 다른 뱀을 다 그린 사람이 술잔을 뺏고는 말했다.

"蛇固無足, 子安能爲之足?" 遂飮其酒 爲蛇足者, 終亡其
사 고 무 족   자 안 능 위 지 족   수 음 기 주   위 사 족 자   종 망 기

酒.
주

"뱀은 원래 다리가 없는데 너는 어떻게 뱀 다리를 그릴 수 있는 것이냐?" 뱀에 다리를
그린 사람(蛇足)은 결국 술을 못 마시고 말았다.

―『제책(濟策)』

---

*奪: 뺏다, 약탈하다
*固: 처음부터, 본래, 원래
*終: 마침내, 결국.
*亡: 잃다, 없어지다.

8) 知音(지음)

伯牙鼓琴 鍾子期聽之.
백아고금 종자기청지

백아가 거문고를 타면 종자기는 그것을 들었다.

知在太山 則巍巍
지재태산 즉외외

거문고를 타는 뜻이 큰 산에 있으면 산이 우뚝하구나 하고

志在流水 則曰湯湯
지재유수 즉왈탕탕

뜻이 흐르는 물에 있으면 출렁출렁하도다라고 말했다.

子期死 伯牙絶鉉
자기사 백아절현

종자기가 죽자 백아는 거문고 줄을 끊어 버리고

痛世無知音者.
통세무지음자

세상에 자기를 알아주는 사람이 없음을 슬퍼하였다.

―『여씨춘추(呂氏春秋)』

---

*琴(거문고 금)
*鐘(쇠북 종)
*聽(들을 청)
*巍(높을 외)
*湯(끓을 탕)
*痛(아플 통)

각주구검 (刻舟求劍)	칼을 강물에 떨어뜨리자 뱃전에 그 자리를 표시했다가 나중에 그 칼을 찾으려 한다는 뜻이다. 판단력이 둔하고 융통성이 없으며 세상일에 무지하다는 뜻을 가지고 있다.
곡학아세 (曲學阿世)	학문을 굽혀서 세상에 아첨한다는 뜻이다. 바르지 않은 학문으로 세상 사람에게 아첨함을 이른다.
과유불급 (過猶不及)	모든 사물이 정도를 지나치면 미치지 못한 것과 같다는 뜻이다. 중용의 중요성을 가리킨다.
관포지교 (管鮑之交)	옛날 중국의 관중과 포숙의 돈독한 친교를 가리킨다. 친구 사이의 가까운 교제를 지칭하거나, 혹은 각별한 친구 관계를 일컫는 말로 쓰인다.
군계일학 (群鷄一鶴)	닭 무리 가운데 한 마리의 학이 있다는 뜻이다. 여러 평범한 사람들 가운데 뛰어난 사람이 하나 있는 상황을 이르는 말이다.
권토중래 (捲土重來)	흙먼지를 날리며 돌아온다는 뜻. 한번 실패한 일을 다시 도전하는 것을 가리킨다.
기우 (杞憂)	중국 기나라 사람이 하늘이 무너질까봐 몹시 걱정했다는 뜻이다. 쓸데없는 걱정을 지칭한다.
난형난제 (難兄難弟)	누구를 형이라 아우라 하기 어렵다는 뜻이다. 우열을 가리기 힘든 상태를 가리킨다.
낭중지추 (囊中之錐)	주머니 속에 있는 송곳이란 뜻이다. 재능이 뛰어난 사람은 숨어 있어도 저절로 드러난다는 의미를 가지고 있다.
내우외환 (內憂外患)	나라 안팎의 여러 근심과 걱정을 일컫는다.
노익장 (老益壯)	나이를 먹을수록 기력이 좋아지는 상태, 혹은 그러한 사람을 일컫는다.

대기만성 (大器晩成)	큰 그릇은 늦게 이루어진다는 뜻이다. 큰 인물은 오래 공을 쌓아 늦게 이루어진다는 뜻을 가지고 있으며, 만년이 되어 성공하는 일을 가리키기도 한다.
도청도설 (道聽塗說)	길에서 들은 일을 이내 길에서 옮겨 말한다는 뜻이다. 길거리에 돌아다니는 뜬소문을 가리키는 데 쓰이기도 한다.
동병상련 (同病相憐)	같은 병자(病者)끼리 가엾게 여긴다는 뜻으로, 어려운 처지(處地)에 있는 사람끼리 서로 불쌍히 여겨 동정하고 서로 도움을 일컫는다.
마이동풍 (馬耳東風)	말의 귀에 동풍이란 뜻이다. 남의 비판이나 의견을 조금도 귀담아 듣지 않음을 가리키는 말이다.
모순 (矛盾)	창과 방패라는 뜻으로, 이치에 맞지 않는 상반된 일이나 의견을 일컫는다.
발본색원 (拔本塞源)	뿌리를 뽑고 원천을 막아버린다는 뜻이다. 폐단을 없애기 위해서는, 그 근간을 없애야 함을 의미한다.
배수지진 (背水之陣)	물을 등지고 진을 친다는 뜻이다. 물러설 곳이 없어 목숨을 걸고 싸우는 상황을 지칭한다.
백미 (白眉)	무리 중에서 가장 뛰어난 사람이나 사물을 일컫는다.
백중지세 (伯仲之勢)	마치 장남과 차남처럼, 큰 우열의 차이가 없이 엇비슷함을 뜻한다.
사면초가 (四面楚歌)	사방에서 초나라 노래가 들린다는 뜻. 적에게 둘러싸여 도움을 구할 수 없는 상태를 이른다.
살신성인 (殺身成仁)	자신의 몸을 죽여 인(仁)을 이룬다는 뜻이다. 스스로를 희생하여 옳은 일을 행하는 것을 말한다.
상전벽해 (桑田碧海)	뽕나무밭이 푸른 바다가 되었다는 뜻. 세상의 변화가 너무나 심한 것을 일컫는다.
새옹지마 (塞翁之馬)	인생의 길흉화복은 늘 변화하기 때문에 무엇이 화가 되고, 무엇이 복이 될지 예측하기 어려워 나쁜 일도 꼭 슬퍼할 게 아니며, 좋은 일이 생겨도 반드시 기뻐할 것이 아님을 의미한다.
수주대토 (守株待兔)	그루터기를 지키며 토끼를 기다린다는 뜻이다. 착각에 사로잡혀서 불가능한 일을 고집하는 어리석음을 가리킨다.

순망치한 (脣亡齒寒)	입술을 잃으면 이가 시리다는 뜻이다. 밀접한 관계의 한 쪽이 사라지면, 다른 쪽도 위태로워진다는 의미를 가지고 있다.
식자우환 (識字憂患)	글을 아는 것이 오히려 근심이 된다는 뜻. 배움이 오히려 근심을 부르는 경우 그리고 서투른 지식 때문에 도리어 일을 망치는 경우를 일컫는다.
암중모색 (暗中摸索)	어둠 속에서 손을 더듬어 찾는다는 뜻으로, 어림짐작으로 추측을 하거나, 막연한 상태에서 해답을 구하는 것을 지칭한다.
연목구어 (緣木求魚)	나무에 올라 물고기를 구한다는 뜻이다. 도저히 불가능한 일을 고집스럽게 행한다는 의미를 가지고 있다.
오월동주 (吳越同舟)	오나라 사람이 월나라 사람과 같은 배에 탔다는 뜻. 사이가 나쁜 사람들이 한 자리에 있는 상황을 가리킨다. 또한 어려운 상황에서는 원수지간이라도 협력한다는 의미를 가지고 있다.
온고지신 (溫故知新)	옛 것에서 배워 새로운 것을 깨닫는다는 의미.
와신상담 (臥薪嘗膽)	섶나무 위에서 잠자고 쓸개를 핥는다는 의미. 목적을 달성하기 위해 괴로움을 견디는 것을 일컫는다.
용두사미 (龍頭蛇尾)	용의 머리에 뱀의 꼬리라는 뜻. 시작은 좋았지만 끝이 보잘 것 없는 상황을 가리킨다.
자포자기 (自暴自棄)	스스로 자신을 학대하고 돌보지 않는다는 의미이다.
조삼모사 (朝三暮四)	잔 술수를 사용하여 상대방을 현혹시키는 것을 일컫는다.
주마간산 (走馬看山)	말을 타고 달리면서 산을 바라본다는 뜻. 자세히 살펴보지 않고 대강 지나가는 것을 일컫는다.
지록위마 (指鹿爲馬)	사슴을 가리키며 말이라 이른다는 뜻이다. 윗사람을 농락하여 권세를 휘두르는 경우를 지칭한다.
천려일실 (千慮一失)	천 가지 생각 가운데 한 가지 실책을 이른다. 아무리 지혜롭다 하더라도 많은 생각을 하다 보면 한 가지 실수가 있을 수 있음을 뜻한다.

청출어람이청어람 (青出於藍而 青於藍)	푸른색이 쪽에서 나왔으나 쪽보다 더 푸르다는 뜻이다. 제자가 스승보다 나은 상황을 가리킨다.
촌철살인 (寸鐵殺人)	한 치의 칼로 사람을 죽인다는 뜻이다. 날카로운 말로 상대방의 마음을 크게 흔드는 것을 말한다.
타산지석 (他山之石)	다른 산에서 난 보잘 것 없는 돌로도, 자신의 옥(玉)을 갈 수 있다는 뜻. 타인의 하찮은 언행이나 결점도 자신의 수양에 도움이 될 수 있음을 뜻한다.
토사구팽 (兔死狗烹)	토끼를 잡고 나면 사냥개를 삶아 먹는다는 의미. 필요할 때는 요긴하게 쓰지만, 쓸모가 없어지면 버린다는 뜻이다.
파죽지세 (破竹之勢)	대나무를 쪼개듯 강한 기세를 일컫는다.
풍수지탄 (風樹之嘆)	부모에게 효도를 다하고 싶으나, 이미 돌아가셔서 그 뜻을 이룰 수 없음을 일컫는다.
합종연횡 (合從連橫)	중국 전국시대의 합종책과 연횡책의 두 외교술을 뜻한다. 약자가 힘을 합쳐 강자에게 맞서거나, 반대로 함께 강자에게 복종하는 것을 이른다.
호가호위 (狐假虎威)	여우가 호랑이의 위세를 빌려 호기를 부린다는 뜻이다. 남의 세력을 빌어 위세를 부리는 것을 일컫는다.
호사다마 (好事多魔)	좋은 일에는 방해(妨害)가 되는 일이 많음을 뜻함.
화룡점정 (畵龍點睛)	가장 중요한 부분을 완성시킨다는 뜻이다.
화중지병 (畵中之餠)	그림의 떡이라는 뜻. 바라만 볼 수 있을 뿐, 쓸모가 없음을 일컫는다.
환골탈태 (換骨奪胎)	뼈를 바꾸고 태를 빼낸다는 의미. 몰라볼 만큼 좋게 변화하는 것을 뜻함.

7장

명언명구로 배우는 선인들의 지혜

선인들이 생활 속에서 얻은 관찰과 경험에서 얻은 지혜는 사람들의 입에 오르내리고 상식으로 자리잡으면서 사회규범의 역할을 한다. 나의 차원과 가족의 차원, 사회와 공동체에 이르는 일상적 삶과 사회적 관계에서 지켜야 할 기본이나 기준이 될 만한 좋은 말씀이나 구절이 '명언명구'인 셈이다.

동양을 지배해온 유교 문화는 한 마디로 압축해서 말하면 '수신(修身-자신의 몸가짐을 수양함)'과 '제가(濟家-집안을 경영함)', 치국(治國-나라를 다스림), 평천하(平天下-천하를 화평하게 만듦)'라고 요약할 수 있다.

'수신'이 인격적 주체인 나의 차원이라면, '제가'는 행복한 가정을 꾸리는 차원이다. 나로부터 가정의 차원이 일차적이고 직접적인 개인의 주권이 중심을 이루는 차원이라면, '치국과 평천하'의 차원은 자신과 가족을 넘어 성별과 인종과 국가를 넘어 범세계적인 영역에 해당한다.

'수신(修身)'은 자신의 마음과 능력을 갈고 닦는 것이다. 행실과 지식을 배우고 익히는 자로서 뜻을 세워 삶의 목표를 정하고 목표를 이루기 위해 실천하기 위해 노력해야 한다. 실행은 목표에 대한 확고한 의지가 다져졌을 때 생겨나는 행동의 차원이다. 생을 준비하는 시기인 청년기에 확고한 가치 정립이 필요하다.

'제가(濟家)'는 가정을 만들고 가정을 이끌어가는 차원이다. 가정을 이끈다는 것은 배우자를 만나 결혼하고 협동하면서 살아가는 것이다. 결혼생활은 부부와 자녀와의 관계만이 아니라 양가(兩家)의 부모님과 형제자매들과 새롭게 원만한 관계를 설정해야 한다. 부부는 애정을 바탕으로 각자의 역할에 충실해야 하고, 자녀를 낳으면 '참된 부모'가 되기에 전심전력 노력해야 한다. 양가에는 멋진 아들딸, 사위와 며느리가 되기 위한 마음과 실천이 있어야 한다. 효는 부모님이 살아계실 때 일상적으로 교감을 나누는 것이 근본이다.

'치국(治國)'과 '평천하(平天下)'는 세상 속으로 들어가 나날을 살아가며 사회인으로 살아가며[응세應世], 사회적 성공과 함께 자신의 이름을 드러내며 명예를 얻는다[양명揚名]. 직업을 가지면서 사회에 잘 안착하는 일은 달리 보아 세상에서 살아남는 일이며 세상을 이끌며 세상에서 이름을 남기는 과정이기도 하다. 자기가 속한 집단이나 사회에서 능력을 발휘하는 것을 두고 예전에는 '자식의 마지막 효'라고 보았다.

'세심(洗心)'이라는 말이 있다. '마음을 깨끗하게 씻는다'라는 뜻이다. 마음을 맑게 만들면 거기에 지혜가 깃든다. 지혜가 깃든 마음은 몸가짐도 신중하다. '나만 옳다' 생각하지 않기 때문이다. 그럴 때 몸가짐은 달라진다. 타인을 존중하고 배려하는 마음은 그러한 몸가짐으로 나타난다. 마음이 담긴 몸가짐이 예(禮)이고, 지혜가 깃든 마음과 예를 갖춘 바른 몸가짐이 신뢰(信)를 만들어낸다. 신뢰는 견고하고 바람직한 인간관계를 형성한다.

오늘날 세상은 인터넷을 비롯한 통신기술로 세계 어느곳에서도 실시간으로 생활한다. 그런 점에서 나와 가족의 차원은 단순히 개인의 차원에 머물지 않는다. 그런 점에서 '나'는 가족에만 함몰된 가치를 갖는 존재가 아니다. '나'는 세대와 성별에 머무르지 않고, 인종과 국가를 넘어선 인류 공동체와 소통하는 주체이다.

1

父子之間 不責善, 責善則離 離則不祥 莫大焉
부 자 지 간 불 책 선　책 선 칙 이　이 칙 불 상　막 대 언

아버지와 자식 간에 선을 권장하지 말지니, 선을 권장하면 멀어지고 멀어지면 상서롭지
못함이 이보다 더 큰 것이 없다.

2

丈夫生世, 用於國, 則以死報國, 不用則耕於野, 足矣
장 부 생 세　용 어 국　칙 이 사 보 국　불 용 칙 경 어 야　족 의

대장부가 세상에 태어나 나라에 쓰이게 되면 죽음으로써 나라에 보답하고, 쓰이지 못하
면 들에서 농사를 짓는 것으로 족하다.

3

不仁不智 無禮無義 人役也
불 인 부 지　무 례 무 의　인 역 야

어질지 못하고 지혜롭지도 못하며, 예의가 없고 의리도 없으면 남들에게 부림을 당한다.

4

若賢士在位 能者在職 則國家閑暇
약 현 사 재 위　능 자 재 직　즉 국 가 한 가

만일 어진 선비가 벼슬에 있고 능력 있는 이가 관직에 있으면 나라와 가정이 한가롭다.

5

勿謂 今日不學而有來日
물 위 금 일 불 학 이 유 내 일

오늘 배우지 않고서 내일이 있다고 말하지 말고

勿謂 今年不學而有來年
물 위 금 년 불 학 이 유 내 년

올해에 배우지 않고서 다음해가 있다고 말하지 말라

6

子曰 苗而不秀者有矣夫 秀而不實者有矣夫
자 왈 묘 이 불 수 자 유 의 부 수 이 부 실 자 유 의 부

공자께서 말씀하셨다. "싹이 났으나 꽃을 피우지 못하는 경우도 있고, 꽃은 피었으나 열매를 맺지 못하는 경우도 있다."

*곡식이 처음 나는 것을 苗(싹 묘), 꽃이 피는 것을 秀(이삭 수), 곡식이 여무는 것을 實(열매 실)이라 함.

7

眾好之必察焉 眾惡之必察焉
중 호 지 필 찰 언 중 오 지 필 찰 언

뭇사람들이 좋아해도 반드시 살펴보아야 하고, 뭇사람들이 싫어해도 반드시 살펴보아야 한다.

8

吾生也有涯 而知也無涯
오 생 야 유 애 이 지 야 무 애

내가 살아갈 날은 끝이 있지만 내가 알아야 할 것은 끝이 없다.

– 장자/양생주 편

9

仁者如射, 射者, 正己而後潑, 發而不中, 不怨勝己者, 反
<small>인 자 여 사　사 자 자　정 기 이 후 발　발 이 부 중　불 원 승 기 자　반</small>

求諸己而已矣 (『孟子』 公孫丑章句上 七章)
<small>구 제 기 이 이 의</small>

어짊이란 활 쏘는 것과 같다. 활 쏘는 자는 몸을 바르게 하고 난 후에 쏘는데, 명중하지 않아도 자기를 이긴 자를 원망하지 않고 돌이켜 자신에게서 잘못을 찾을 뿐이다.

10

人無十日好 花無十日紅
<small>인 무 십 일 호　화 무 십 일 홍</small>

사람의 좋은 일도 10일을 넘지 못하고 붉은 꽃의 자태도 10일을 넘기지 못한다.

11

勿以善 小而不爲 勿以惡 小而爲之
<small>물 이 선　소 이 불 위　물 이 악　소 이 위 지</small>

선은 아무리 작더라도 반드시 행하고 악은 아무리 작더라도 행하지 말라.

*유비가 임종할 때 아들 유선에게 경계한 말

12

恩義廣施 人生何處不相逢
<small>은 의 광 시　인 생 하 처 불 상 봉</small>

은혜와 의로움을 널리 베풀어라, 사람이 살아가다 보면 어디서든 만나지 않겠느냐.

讐怨莫結 路逢狹處難回避
<small>수 원 막 결　노 봉 협 처 난 회 피</small>

남과 원수 맺지 말라, 좁은 길에서 만나면 피하기가 어렵다.

13

積金以遺子孫　未必子孫能盡守
적 금 이 유 자 손　미 필 자 손 능 진 수

돈을 모아 자손에게 물려주어도 자손은 반드시 다 지키지 못하고

積書以遺子孫　未必子孫能盡讀
적 서 이 유 자 손　미 필 자 손 능 진 독

책을 모아 자손에게 물려주어도 자손들은 모두 다 읽지 못한다.

不如積陰德於冥冥之中　以爲子孫之計也
불 여 적 음 덕 어 명 명 지 중　이 위 자 손 지 계 야

(이 모든 것이) 남몰래 음덕을 쌓아, 자손을 위한 계책으로 삼는 것만 못하다.

*명명지중(冥冥之中): 남몰래
*북송의 학자 사마광의 말(『명심보감』에서)

14

孝於親　子亦孝之
효 어 친　자 역 효 지

어버이에게 효도하면 자식 또한 내게 효를 다하겠지만

身旣不孝　子何孝焉
신 기 불 효　자 하 효 언

내가 불효했다면 자식이 어찌 내게 효도를 다하겠는가.

15

見人之善而尋己之善

견 인 지 선 이 심 기 지 선

남의 선함을 보면 내게도 그런 선함이 있는지 찾아보고

見人之惡而尋己之惡

견 인 지 악 이 심 기 지 악

남의 악한 점을 보거든 내게도 그런 악한 점을 찾아보아라

如此 方是有益

여 차 방 시 유 익

이와 같이 해야 모름지기 유익함이 있다.

16

勿以貴己 而賤人

물 이 귀 기 이 천 인

자신이 존귀하다고 남을 천대하지 말고

勿以自大 而蔑小

물 이 자 대 이 멸 소

자신이 잘났다고 자기만 못한 이를 업신여기지 말며,

勿以悖勇 而輕敵

물 이 패 용 이 경 적

만용으로 적을 가볍게 여기지 말라.

*悖(패): 어그러지다. 벗어나다.

17

聞人之過失 如聞父母之名

문 인 지 과 실　여 문 부 모 지 명

남의 잘못을 들으면 마치 부모의 이름을 듣는 듯하여

耳可得聞 口不可言也

이 가 득 문　구 불 가 언 야

귀로 들을지언정 입에 담아 말하지 말아야 한다.

18

勤爲無價之寶

근 위 무 가 지 보

부지런함은 값으로 매길 수 없는 보물이고

愼是護身之符

신 시 호 신 지 부

신중함은 자신을 보호하는 부적과도 같다.

19

君子有三戒

군 자 유 삼 계

군자에게는 세 가지의 경계할 일이 있다.

少之時 血氣未定 戒之在色

소 지 시　혈 기 미 정　계 지 재 색

소년의 시절에는 혈기가 온전치 않아 여색을 경계해야 하고

及其長也 血氣方剛 戒之在鬪

급 기 장 야　혈 기 방 강　계 지 재 투

장성해서는 혈기가 강성하여 남과 다투는 일을 경계해야 하고

及其老也 血氣旣衰 戒之在得

급 기 노 야　혈 기 기 쇠　계 지 재 득

늙어지면 혈기는 쇠약해져 (재물과 권세를) 탐하려는 마음을 경계해야 한다.

20

君子有三樂而　王天下不與存焉
<small>군 자 유 삼 락 이　왕 천 하 불 여 존 언</small>

군자에게는 세 가지 즐거움이 있는데 천하에 왕노릇 하는 것은 여기에 들지 않는다.

父母具存　兄弟無故　一樂也
<small>부 모 구 존　형 제 무 고　일 락 야</small>

부모님이 다 살아 계시고 형제가 무고한 것이 첫 번째 즐거움이며,

仰不愧於天　俯不怍於人　二樂也
<small>앙 불 괴 어 천　부 부 작 어 인　이 락 야</small>

우러러 하늘에 부끄럽지 않고 굽어보아 세상에 부끄럽지 않은 것이 두 번째 즐거움이고,

得天下英才　而敎育之　三樂也
<small>득 천 하 영 재　이 교 육 지　삼 락 야</small>

천하의 뛰어난 인재를 얻어 이들을 교육하는 것이 세 번째 즐거움이라.

---

*군자삼락(君子三樂),『맹자(孟子)』〈진심편(盡心篇)〉
*益者三樂(익자삼요): 예악(禮樂)을 적당히 좋아하고, 남의 착함을 좋아하고, 착한 벗이 많음을 좋아하는
　것.
*損者三樂(손자삼요): 교락(驕樂: 방자함을 즐김), 일락(逸樂: 놀기를 즐김), 연락(宴樂: 잔치에서 주색을
　즐김).『논어論語』〈계씨편(季氏篇)〉

21

心可逸形不可不勞
심 가 일 형 불 가 불 로

마음은 편안히 할 수 있어도 육신이 수고롭게 일하지 않으면 안 되며

道可樂身不可不憂
도 가 락 신 불 가 불 우

도는 즐거워할 수 있으나 몸은 고생하지 않아서는 안 되네

形不勞則怠惰易弊
형 불 로 즉 태 타 역 폐

육신이 수고롭지 않으면 나태해져서 허물어지기 쉽고

身不憂則荒淫不定
신 불 우 즉 황 음 부 정

몸이 수고롭지 않으면 술과 여색에 빠져 안정되지 못 하네

故逸生於勞而常休
고 일 생 어 노 이 상 휴

그러므로 평온한 삶은 (몸의) 수고로움에서 생겨야 늘 기쁘고

道樂生於憂而無厭
도 낙 생 어 우 이 무 염

도의 즐거움은 근심에서 생겨야 싫증나지 않으니

逸樂者憂勞其可忘乎
일 락 자 우 로 기 가 망 호

마음 편하고 도를 즐거워하는 이가 근심과 수고를 어찌 잊을 수 있겠는가

22

博學而篤志
박 학 이 독 지

배우기를 드넓히며 뜻을 두텁게 하고

切問而近思
절 문 이 근 사

묻기를 간절히 하며 자기 몸에 견주어 생각하면

仁在其中矣
인 재 기 중 의

어짊은 그 안에 깃든다.

23

玉不琢不成器
옥 불 탁 불 성 기

옥은 다듬지 않으면 그릇이 되지 못하고

人不學不知道
인 불 학 부 지 도

사람은 배우지 않으면 이치를 알지 못한다.

24

學如不及
학 여 불 급

배움은 미치지 못하듯이 (맹렬히) 하고

猶恐失之
유 공 실 지

오히려 때를 놓칠까 두려워해야 한다.

25

人之不學 如登天而無術
인 지 불 학   여 등 천 이 무 술

사람이 배우지 않으면 하늘에 오르려 하나 재주 없는 것과 같고

學而智遠 如披祥雲而觀靑天
학 이 지 원   여 피 상 운 이 도 청 천

배워서 지혜가 깊어지면 상서로운 구름을 헤치고 푸른 하늘을 보는 것과 같고

登高山而望四海
등 고 산 이 망 사 해

높은 산에 올라 천하를 굽어보는 것과 같다.

26

事雖小 不作不成
사 수 소   부 작 불 성

비록 작은 일이라도 행하지 않으면 이루지 못하고

子雖賢 不敎不明
자 수 현   불 교 불 명

자식이 비록 어질다 해도 가르치지 않으면 현명해지지 못한다.

27

至樂莫如讀書
지 락 막 여 독 서

지극한 즐거움에는 책읽기와 견줄 만한 게 없고

至要莫如敎子
지 요 막 여 교 자

지극히 중요한 일에 자식을 교육시키는 것 만한 것이 없다.

28

內無賢父兄
내 무 현 부 형

집안에 어진 어버이와 형이 있고

外無嚴師友
외 무 엄 사 우

바깥에 엄한 스승과 친구가 없으면서

而能有成者鮮矣
이 능 유 성 자 선 의

성공하는 자는 드물다.

*선(鮮): 아름답다. 여기서는 '드물다'의 뜻.

29

泰山不辭土壤
태 산 불 사 토 양

태산은 작은 흙덩이라도 사양하지 않았고(그리하여 그처럼 높고)

河海不擇細流
하 해 불 택 세 류

강과 바다는 작은 물줄기도 가리지 않는다(그리하여 그처럼 깊음을 얻었다).

30

天不生無祿之人
천 부 생 무 록 지 인

하늘은 녹(祿) 없는 이를 태어나게 하지 않으며

地不長無名之草
지 부 장 무 명 지 초

땅은 이름 없는 들풀을 기르지 않는다.

8장

산문의 세계

1 　漁父辭(어부사), 屈平(굴평)

屈原旣放, 游於江潭, 行吟澤畔. 顔色憔悴, 形容枯槁.
굴원기방　유어강담　행음택반　안색초췌　형용고고

굴원이 이미 추방되어 강과 못에서 노닐고 연못가를 거닐며 시를 읊고 있었는데, 얼굴빛은 초췌하고 외모는 야위어 파리하였다.

漁父見而問之曰, "子非三閭大夫與? 何故至於斯?"
어부견이문지왈　자비삼려대부여　하고지어사

어부가 보고서 그에게 묻기를, "당신은 삼려대부가 아니십니까? 무슨 연유로 이곳에 이르렀는지요?"라고 하였다.

---

*畔(반): 근처, 가.
*枯槁(고고): 초목이 바싹 시들다, 사람의 모습이 파리하게 말라 있다.

屈原曰, "擧世皆濁, 我獨淸. 衆人皆醉, 我獨醒. 是以見放."
굴 원 왈　거 세 개 탁　아 독 청　중 인 개 취　아 독 성　시 이 견 방

굴원이 말하기를, "온 세상이 다 흐린데 나 홀로 맑고, 여러 사람이 다 취해 있는데 나 혼자 깨어 있소. 이런 까닭으로 추방을 당했구려."라 하니,

漁父曰, "聖人不凝滯於物, 而能與世推移.
어 부 왈　성 인 불 응 체 어 물　이 능 여 세 추 이

어부가 말하기를, "성인은 사물에 엉키고 막히지 아니하고, 능히 세상과 더불어 변해 나아갑니다.

世人皆濁, 何不淈其泥而揚其波?
세 인 개 탁　하 불 굴 기 니 이 양 기 파

그러니 세상 사람들이 다 흐리다면 어찌 그 진흙을 휘저어 흙탕물을 일으키지 않고,

衆人皆醉, 何不餔其糟而歠其醨?
중 인 개 취　하 불 포 기 조 이 철 기 리

세상 사람들이 다 취해 있으면, 어째서 그 지게미를 먹고 술을 들이키지 않습니까?

何故深思高擧, 自令放爲?"
하 고 심 사 고 거　자 령 방 위

어떤 연유로 깊이 생각하고 고상히 행동하여, 스스로 추방당하셨습니까?" 했다.

屈原曰, "吾聞之, 新沐者必彈冠, 新浴者必振衣.
굴 원 왈　오 문 지　신 목 자 필 탄 관　신 욕 자 필 진 의

굴원이 말하기를, "내가 듣건대, 새로 머리를 감은 사람은 반드시 갓을 털어 쓰고, 새로 몸을 씻은 사람은 반드시 옷을 털어 입는다 하오.

---

*淈(굴): 흐리게 하다.
*糟(조): 지게미.
*歠(철): 마시다.
*醨(리): 맑은 술.
*擧(거): 행하다.
*察察(찰찰): 지나치게 결백한 모양. 여기에서 '察(찰)'은 '결백하다'의 뜻.

安能以身之察察, 受物之汶汶者乎?
안 능 이 신 지 찰 찰　수 물 지 문 문 자 호

그러니 어찌 깨끗한 몸으로 더러운 것을 받을 수 있겠는가?

寧赴湘流, 葬於江魚之腹中, 安能以皓皓之白, 而蒙世俗
영 부 상 류　장 어 강 어 지 복 중　안 능 이 호 호 지 백　이 몽 세 속

之塵埃乎?"
지 진 애 호

차라리 상강에 나아가, 강 물고기의 뱃속에 장사지낼지언정, 어찌 희디흰 청백한 몸으로
세속의 먼지를 뒤집어쓸 것인가?"라고 하였다.

漁父莞爾而笑, 鼓枻而去.
어 부 완 이 이 소　고 예 이 거

어부가 빙그레 웃고는 뱃전을 두드리면서 갔다.

乃歌曰, "滄浪之水清兮, 可以濯吾纓. 滄浪之水濁兮, 可
내 가 왈　창 랑 지 수 청 혜　가 이 탁 오 영　창 랑 지 수 탁 혜　가

以濯吾足." 遂去不復與言.
이 탁 오 족　수 거 불 부 여 언

이에 노래하기를, "창랑의 물이 맑으면 가히 내 갓끈을 씻을 것이요, 창랑의 물이 흐리면
가히 내 발을 씻으리로다."라고 하며 마침내 가버려 다시는 더불어 말하지 않았다.

—『楚辭(초사)』

---

*汶汶(문문): 먼지 낀 상태. 여기에서 '汶(문)'은 '어둡다'의 뜻.
*莞(완): 웃다.
*枻(예): 뱃전.
*鼓(고): 북을 치다.
*滄浪(창랑): 큰 바다의 푸른 물결.

先生不知何許人, 亦不詳其姓字,
선 생 부 지 하 허 인 역 불 상 기 성 자

선생은 어느 곳 사람인지 알 수 없고 또 성이나 자도 자세하지 않다.

宅邊有五柳樹, 因以爲號焉.
택 변 유 오 류 수 인 이 위 호 언

집 주변에 다섯 그루의 버드나무가 있어 그로 인하여 호를 삼았다.

閑靖少言, 不慕榮利.
한 정 소 언 불 모 영 리

한가하고 조용하여 말이 적고 영리를 추구하지 않았다.

好讀書, 不求甚解, 每有意會, 便欣然忘食.
호 독 서 불 구 심 해 매 유 의 회 변 흔 연 망 식

글 읽기를 좋아하되 깊게 파고들지 않고 매양 마음에 맞는 부분이 있으면 문득 흔연히 밥 먹는 일도 잊을 정도였다.

性嗜酒, 家貧不能常得,
성 기 주 가 빈 불 능 상 득

성품이 술을 좋아하지만 집이 가난하여 언제나 즐길 수는 없었다.

---

*許(허): 곳, 장소.

親舊知其如此, 或置酒而招之, 造飮輒盡, 期在必醉,
친 구 지 기 여 차　혹 치 주 이 초 지　조 음 첩 진　기 재 필 취

친구가 이와 같음을 알고 혹 술을 마련해 놓고서 그를 부르면, 마시는 자리에 나아가 문득 다 마셔 한도를 반드시 취하는 데 두었다.

旣醉而退, 曾不吝情去留.
기 취 이 퇴　증 불 린 정 거 류

그리고 이미 취하면 물러나고, 일찍이 가고 머묾에 미련을 두지 않았다.

環堵蕭然, 不蔽風日, 短褐穿結, 簞瓢屢空, 晏如也.
환 도 소 연　불 폐 풍 일　단 갈 천 결　단 표 누 공　안 여 야

작은 집이 쓸쓸하여 바람과 해조차 가리지 못하며, 짧은 잠방이는 뚫어져 꿰맸고 대그릇과 표주박이 자주 비었으되 태연하였다.

常著文章自娛, 頗示己志, 忘懷得失, 以此自終.
상 저 문 장 자 오　파 시 기 지　망 회 득 실　이 차 자 종

항상 글을 지어 스스로 즐기며 자못 자기의 뜻을 나타내고, 득실 생각하기를 잊었으며 이것으로써 스스로 마쳤다.

---

*造飮(조음): 술 먹는 자리에 나아가다. 여기에서 '造(조)'는 '나아가다'의 뜻.
*環堵(환도): 사방의 길이를 합치면 五丈(오장)이 되는 방. 곧 작은 방. 여기에서 '環(환)'은 동서남북의 四方(사방)을, '堵(도)'는 五丈을 뜻함.
*簞(단): 도시락. 대나 고리로 짠 바구니로 가난한 사람들이 밥을 담아 먹었던 그릇을 말함.
*瓢(표): 표주박. 가난한 사람들이 음료나 국을 담아 먹었던 그릇.

贊曰, 黔婁有言, "不戚戚於貧賤, 不汲汲於富貴." 極其言,
찬 왈 검 루 유 언   불 척 척 어 빈 천 불 급 급 어 부 귀   극 기 언

茲若人之儔乎!
자 약 인 지 주 호

　찬하기를, 검루의 말에, "빈천에 근심하지 않고 부귀에 급급하지 않는다."라고 하였으니 그 말을 극진히 하면 이 같은 무리로구나.

酣觴賦詩, 以樂其志, 無懷氏之民歟, 葛天氏之民歟?
감 상 부 시   이 락 기 지   무 회 씨 지 민 여   갈 천 씨 지 민 여

　술을 흠뻑 마시며 시를 짓고 그 뜻을 즐겁게 하니 무회씨의 백성인가, 갈천씨의 백성인가?

―『陶淵明集(도연명집)』

---

*黔婁(검루): 춘추시대 齊(제)나라 은사(隱士). 청렴결백하여 벼슬살이를 하지 않았으며 다음과 같은 임종시 일화가 전한다. 그의 시체를 덮고 있던 누더기 헝겊이 짧아 발이 다 드러나니 문상 간 曾子(증자)가 헝겊을 비스듬히 돌려서 손발을 덮으려 하였다. 그러자 그 처가 "고인께서는 바른 것을 좋아하셨습니다. 헝겊을 비뚤게 놓는 것은 邪(사)라 좋지 않습니다. 또 고인께서는 빈천을 겁내지 않으셨고, 부귀를 부러워하지 않으셨습니다."라고 했다 한다.
*戚戚(척척): 두려워하고 걱정함. 여기에서 '戚(척)'은 '근심하다', '두려워하다'의 뜻.
*汲汲(급급): 온통 정신을 쏟아 딴생각이 없음. 매우 바삐 서두르거나 다그치는 데가 있다. 여기에서 '汲(급)'은 '분주하다'의 뜻.
*儔(주): 무리.
*酣觴(감상): 술잔을 돌려가며 실컷 마심. 여기에서 '酣(감)'은 '술을 즐기다', '觴(상)'은 '술잔'의 뜻.
*無懷氏(무회씨): 葛天氏(갈천씨)와 함께 중국 태고적 제왕. 무회씨는 도덕으로 세상을 다스려 당시의 백성들은 모두 사욕이 없고 편안했으며, 갈천씨 때는 敎化(교화)를 펴지 않아도 저절로 교화가 이루어져 천하가 태평했다 한다. 이들의 백성이라 함은 욕심 없이 순박한 사람들을 이른 것이다.

晉太元中, 武陵人捕魚爲業, 緣溪行, 忘路之遠近. 忽逢桃
진 태 원 중　무 릉 인 포 어 위 업　연 계 행　망 로 지 원 근　홀 봉 도

花林, 夾岸數百步, 中無雜樹, 芳草鮮美, 落英繽紛. 漁人甚
화 림　협 안 수 백 보　중 무 잡 수　방 초 선 미　낙 영 빈 분　어 인 심

異之,
이 지

　진나라 태원 년간(A.D. 377~397), 무릉에 고기잡이를 생업으로 살아가는 이가 있었다. 어느 날 시내를 따라 가다가 어디쯤에선가 길을 잃고 말았다. 배는 어느새 복숭아꽃이 강 양켠으로 흐드러진 곳을 지나고 있었다. 수백 보 꽤 긴 거리를 그렇게 배는 흘러갔다. 잡목은 보이지 않고 향기 드높은 꽃들이 선명하고 아름답게 피어 있었고 꽃잎은 분분히 날리며 떨어지고 있어서 어부는 매우 이상하게 여겼다.

復前行, 欲窮其林. 林盡水源, 便得一山, 山有小口, 髣髴
복 전 행　욕 궁 기 림　임 진 수 원　경 득 일 산　산 유 소 구　방 불

若有光. 便捨船從口入. 初極狹, 纔通人, 復行數十步, 豁然
약 유 광　변 사 선 종 구 입　초 극 협　재 통 인　복 행 수 십 보　활 연

開朗.
개 랑

　앞길이 궁금해서 (배를 저어) 계속 나아가니 숲이 끝나는 곳에 물길의 근원이 있었고 그곳에 산이 하나 가로막고 있었다. 거기에는 작은 동굴이 있었는데 희미한 빛이 새어나오고 있었다. 어부는 배를 버리고 동굴 입구로 들어갔다. 들어갈 때는 입구가 매우 좁아 사람 하나 정도 들어갈 정도였으나, 몇십 발자국 나서자 시야가 훤하게 펼쳐졌다.

土地平曠, 屋舍儼然, 有良田美池桑竹之屬, 阡陌交通, 鷄
토 지 평 광 옥 사 엄 연 유 량 전 미 지 상 죽 지 속 천 백 교 통 계

犬相聞. 其中往來種作, 男女衣著, 悉如外人, 黃髮垂髫, 竝
견 상 문 기 중 왕 래 종 작 남 녀 의 저 실 여 외 인 황 발 수 초 병

怡然自樂.
이 연 자 락

　　너른 들판에는 집들이 늘어서 있었다. 기름진 전답과 아름다운 연못, 뽕나무나 대나무 등속이 눈에 들어왔다. 옛날의 (진시황 이전) 토지구획 그대로 개와 닭 우는 소리가 한가로이 들리고 있었다. 그 사이를 사람들이 오가며 경작하고 있었는데 남녀가 입은 옷이 모두 이국풍이었다. 기름도 바르지 않고 장식도 없는 머리를 하고, 한결같이 기쁨과 즐거움에 넘치는 모습들이었다.

見漁人, 乃大驚, 問所從來, 具答之. 便要還家, 設酒殺鷄
견 어 인 내 대 경 문 소 종 래 구 답 지 변 요 환 가 설 주 살 계

作食. 村中聞有此人, 咸來問訊. 自云, "先世避秦時亂, 率
작 식 촌 중 문 유 차 인 함 래 문 심 자 운 선 세 피 진 시 란 솔

妻子邑人, 來此絶境, 不復出焉. 遂與外人間隔." 問, "今是
처 자 읍 인 래 차 절 경 부 부 출 언 수 여 외 인 간 격 문 금 시

何世?"
하 세

　　어부를 보고는 크게 놀라 어디서 왔느냐고 물었다. 질문에 하나하나 대답했더니 집으로 초대해 술을 내고 닭을 잡아 음식을 베풀어 주었다. 낯선 사람이 있다는 소문이 온 마을에 돌아 모두들 찾아와 (어부에게) 이것저것 물었다. 자기네들은 옛적 선조들이 진(秦) 통일기의 난을 피해 처자와 마을사람들을 이끌고 이 절경에 왔는데, 그 이후 다시 밖으로 나가지 않는 바람에 외부와 격절되고 말았다고 했다. 그러면서 지금이 대체 어느 시대냐고 묻기도 했다.

乃不知有漢, 無論魏晉. 此人一一爲具言所聞, 皆歎惋. 餘
내 부 지 유 한　무 론 위 진　차 인 일 일 위 구 언 소 문　개 탄 원　여

人各復延至其家, 皆出酒食. 停數日辭去. 此中人語云, "不
인 각 부 연 지 기 가　개 출 주 식　정 수 일 사 거　차 중 인 어 운　부

足爲外人道也."
족 위 외 인 도 야

　진 이후 한(漢)이 선 것도, 한(漢) 이후 위진(魏晉)시대가 온 것도 알지 못했다. 어부가
아는 대로 일일이 답해주자 모두가 놀라며 탄식했다. 사람들은 돌아가면서 그를 집으로
초대해 술과 음식을 내주었다. 그렇게 며칠을 머문 후, 어부는 이제 가봐야겠다고 말했다.
마을 사람 가운데 누군가가 "바깥 세상에는 알리지 말아달라."고 부탁했다.

既出, 得其船, 便扶向路, 處處志之. 及郡下, 詣太守, 說如
기 출　득 기 선　변 부 향 로　처 처 지 지　급 군 하　지 태 수　설 여

此. 太守卽遣人隨其往, 尋向所志, 遂迷不復得路.
차　태 수 즉 견 인 수 기 왕　심 향 소 지　수 미 불 복 득 로

　어부는 동굴을 나서서 배에 올라, 방향을 잡아 나가면서 곳곳에 표시를 해 두었다. 고을
로 돌아와 태수에게 자초지종을 고했더니, 태수는 사람을 보내 오던 길을 되짚어 표지를
더듬어 나가게 했으나 다시 그 길을 찾지는 못했다.

南陽劉子驥, 高尚士也. 聞之, 欣然規往. 未果, 尋病終. 後
남 양 유 자 기　고 상 사 야　문 지　흔 연 규 왕　미 과　심 병 종　후

遂無問津者.
수 무 문 진 자

　남양에 사는 유자기는 뜻이 높은 선비이다. 이 이야기를 듣고 기뻐하며 그곳을 찾아가려
했으나 (끝내 찾지 못하고) 병이 들어 죽고 말았다

-陶淵明集(도연명집), 卷六(권6)

---

*纔 재, 겨우.　*髫 초, 다박머리.

夫天地者, 萬物之逆旅, 光陰者, 百代之過客.
부 천 지 자 　 만 물 지 역 려 　 광 음 자 　 백 대 지 과 객

대저 천지라는 것은 만물의 여관이요, 세월은 백대의 나그네라.

而浮生若夢, 爲歡幾何?
이 부 생 약 몽 　 위 환 기 하

덧없는 인생이 꿈과 같으니, 기뻐함이 얼마나 되겠는가?

古人秉燭夜遊, 良有以也.
고 인 병 촉 야 유 　 양 유 이 야

옛사람이 촛불을 잡고 밤놀이를 한 것이 진실로 까닭이 있었도다.

況陽春, 召我以煙景, 大塊, 假我以文章.
황 양 춘 　 소 아 이 연 경 　 대 괴 　 가 아 이 문 장

하물며 따스한 봄이 우리를 안개 낀 경치로 부르고, 천지가 우리에게 문장을 빌려 주었음에랴!

會桃李之芳園, 序天倫之樂事, 群季俊秀, 皆爲惠連, 吾人
회 도 리 지 방 원 　 서 천 륜 지 락 사 　 군 계 준 수 　 개 위 혜 련 　 오 인

詠歌, 獨慙康樂.
영 가 　 독 참 강 락

　복사꽃과 배꽃이 피어 있는 향기로운 동산에 모여, 형제간의 즐거운 일을 펼치니, 여러 아우는 뛰어나고 빼어나서 모두 혜련이 되었고, 나의 읊조리는 노랫소리가 홀로 강락에게 부끄럽도다.

---

*惠連(혜련): 남북조 시대의 시인인 謝靈運(사령운)의 동생 사혜련.
*康樂(강락): 사령운을 말함.

幽賞未已, 高談轉清. 開瓊莚以坐花, 飛羽觴而醉月.
유 상 미 이　고 담 전 청　개 경 연 이 좌 화　비 우 상 이 취 월

그윽한 완상이 끝나지 않고 고상한 담화가 더욱 맑도다. 구슬자리를 펼쳐 꽃 사이에 앉고, 깃털 잔을 날려 달에 취하네.

不有佳作, 何伸雅懷?
불 유 가 작　하 신 아 회

아름다운 작품이 없다면, 어찌 우아한 회포를 펼치리오?

如時不成, 罰依金谷酒數.
여 시 불 성　벌 의 금 곡 주 수

시를 완성하지 못하면, 금곡의 예에 따라 벌주를 마셔야 하리.

—『李太白集(이태백집)』

---

*金谷酒數(금곡주수): 晉(진)나라 石崇(석숭)의 고사와 관련됨.
*金谷園(금곡원)에서 손님들을 초대해 주연을 베풀고 시를 짓지 못하는 사람들에게 벌로 술 세 말을 마시게 했다는 고사.
*逆(역): 맞이하다(逆旅: 손님을 맞이하다, 여관).
*序(서): 서술하다.
*季(계): 아우.
*羽觴(우상): 깃털 술잔 혹은, 새 모양의 술잔.
*如(여): 만약.

춘야연도리원서

昔有桓因(謂帝釋也)庶子桓雄, 數意天下, 貪求人世.
석 유 환 인 위 제 석 야 서 자 환 웅 삭 의 천 하 탐 구 인 세

옛날에 환인(제석을 말함)의 서자 환웅이 자주 천하에 뜻을 두어 인간 세상을 탐냈다.

父知子意, 下視三危太伯, 可以弘益人間,
부 지 자 의 하 시 삼 위 태 백 가 이 홍 익 인 간

그 아버지가 아들의 뜻을 알아차리고 삼위태백산을 내려다보니 인간들을 널리 이롭게 할 만 했다.

乃授天符印三箇, 遣往理之.
내 수 천 부 인 삼 개 견 왕 리 지

이에 천부인 세 개를 주어 가서 인간 세계를 다스리게 했다.

雄率徒三千, 降於太伯山頂(則太伯今妙香山)神壇樹下,
웅 솔 도 삼 천 강 어 태 백 산 정 즉 태 백 금 묘 향 산 신 단 수 하

환웅이 무리 3,000명을 거느리고 태백산 마루(곧 태백산은 지금의 묘향산)에 있는 신단수 밑에 내려왔으니,

謂之神市, 是謂桓雄天王也.
위 지 신 시 시 위 환 웅 천 왕 야

이곳을 신시라 하고 이 분을 환웅천왕이라고 이른다.

將風伯雨師雲師, 而主穀主命主病主刑主善惡,
장 풍 백 우 사 운 사 이 주 곡 주 명 주 병 주 형 주 선 악

그는 풍백·우사·운사를 거느리고 곡식·수명·질병·형벌·선악 등을 주관하고,

凡主人間三百六十餘事, 在世理化.
범 주 인 간 삼 백 륙 십 여 사 재 세 리 화

무릇 인간의 360여 가지 일을 주관하여 세상을 다스리고 교화했다.

---

*數(삭): 자주   *將(장): 거느리다
*主(주): 주장하다

時有一熊一虎, 同穴而居, 常祈于神雄, 願化爲人.
시 유 일 웅 일 호　동 혈 이 거　상 기 우 신 웅　원 화 위 인

이때 곰 한 마리와 범 한 마리가 같은 굴속에서 살면서 항상 신웅(환웅)에게 빌어 사람
되기를 기원했다.

時神 遺靈艾一炷 蒜二十枚曰 爾輩食之, 不見日光百日,
시 신　유 영 애 일 주　산 이 십 매 왈　이 배 식 지　불 견 일 광 백 일

便得人形.
변 득 인 형

이때 신웅이 신령한 쑥 한 줌과 마늘 20개를 주면서 말하기를, "너희들이 이것을 먹고
백일동안 햇빛을 보지 않으면 곧 사람이 될 것이다."라고 했다.

熊虎得而食之, 忌三七日, 熊得女身, 虎不能忌, 而不得人
웅 호 득 이 식 지　기 삼 칠 일　웅 득 녀 신　호 불 능 기　이 불 득 인

身.
신

이에 곰과 범이 이것을 받아먹고 삼칠일 동안 조심했더니 곰은 여자의 몸으로 변했으나
범은 조심을 하지 않아 사람의 몸으로 변하지 못했다.

熊女者, 無與爲婚, 故每於壇樹下, 呪願有孕.
웅 녀 자　무 여 위 혼　고 매 어 단 수 하　주 원 유 잉

웅녀가 혼인해서 같이 살 사람이 없으므로 날마다 단수 밑에서 임신하기를 축원하였다.

熊乃假化而婚之, 孕生子, 號曰檀君王儉.
웅 내 가 화 이 혼 지　잉 생 자　호 왈 단 군 왕 검

이에 환웅이 거짓 사람으로 변하여 그와 혼인하니 (웅녀가) 잉태해서 아들을 낳았는데
이를 단군왕검이라 일컫는 것이다.

—『三國遺事(삼국유사)』

---

*艾(애): 쑥.
*炷(주): 자루. 향촉 등을 세는 단위.
*蒜(산): 마늘.
*爾(이): 너.
*便(변): 곧.
*與(여): ~과 더불어.

有天地自然之聲, 則必有天地自然之文.
유 천 지 자 연 지 성   즉 필 유 천 지 자 연 지 문

천지자연의 소리가 있으면 반드시 천지자연의 글이 있다.

所以古人因聲制字, 以通萬物之情, 以載三才之道, 而後
소 이 고 인 인 성 제 자   이 통 만 물 지 정   이 재 삼 재 지 도   이 후

世不能易也.
세 불 능 역 야

그러므로 옛사람들이 소리에 따라 글자를 만들어 만물의 정을 통하고 삼재의 이치를
실은 것은 후세에서도 바꾸지 못하는 것이다.

然四方風土區別, 聲氣亦隨而異焉.
연 사 방 풍 토 구 별   성 기 역 수 이 이 언

그러나 사방의 풍토가 다르니 소리의 기세 또한 이에 따라 다르다.

蓋外國之語, 有其聲而無其字. 假中國之字, 以通其用, 是
개 외 국 지 어   유 기 성 이 무 기 자   가 중 국 지 자   이 통 기 용   시

猶枘鑿之鉏鋙也, 豈能達而無礙乎?
유 예 조 지 서 어 야   기 능 달 이 무 애 호

대개 외국의 말은 소리는 있으나 글자가 없어 중국의 글자를 빌려 통용하고 있는데 이는
마치 둥근 구멍에 각진 자루를 넣는 것처럼 맞지 않으니 어찌 통달하여 막힘이 없겠는가?

要皆各隨所處而安, 不可强之使同也.
요 개 각 수 소 처 이 안   불 가 강 지 사 동 야

요컨대 다 각각 처해 있는 곳에 따라 편리케 할 일이지 억지로 똑같게 할 수는 없는
것이다.

---

*三才(삼재): 天(천)·地(지)·人(인)을 말함.
*枘鑿(예조): '枘(예)'는 각진 자루, '鑿(조)'는 둥근 구멍.
*鉏鋙(서어): 사물이 서로 어긋나서 맞지 않는 모양. '鉏(서)'와 '鋙(어)'는 모두 '어긋나다'의 뜻.

吾東方禮樂文章, 侔擬華夏, 但方言俚語, 不與之同. 學書
오 동 방 예 악 문 장　모 의 화 하　단 방 언 리 어　불 여 지 동　학 서

者, 患其旨趣之難曉, 治獄者, 病其曲折之難通.
자　환 기 지 취 지 난 효　치 옥 자　병 기 곡 절 지 난 통

우리나라는 예악과 문장이 중국에 견줄 만하나 다만 방언과 이언이 같지 않아서 글을
배우는 사람은 그 뜻을 깨우치기 어려워 걱정하고 옥사를 다스리는 사람은 그 곡절을 통하
기 어려워 근심하는 것이다.

昔新羅薛總, 始作吏讀, 官府民間, 至今行之.
석 신 라 설 총　시 작 이 두　관 부 민 간　지 금 행 지

옛날 신라의 설총이 비로소 이두를 만들어 관청과 민간에서 지금까지 사용하고 있다.

然皆假字而用, 或澁或窒, 非但鄙陋無稽而已, 至於言語
연 개 가 자 이 용　혹 삽 혹 질　비 단 비 루 무 계 이 이　지 어 언 어

之間, 則不能達其萬一焉.
지 간　즉 불 능 달 기 만 일 언

그러나 모두 글자를 빌려 쓰다 보니 혹은 걸리고 혹은 막히어 비단 비루하고 근거가
없을 뿐만 아니라 말 사이에서도 만분의 일도 통하지 못하는 것이다.

—『訓民正音(훈민정음)』

---

*華夏(화하): 중국을 가리키는 말.
*礙(애): 거리끼다.
*侔(모): 같다.
*擬(의): 비기다, 견주다.
*俚(리): 속되다.
*澁(삽): 껄끄럽다.
*鄙(비): 인색하다.
*稽(계): 헤아리다.

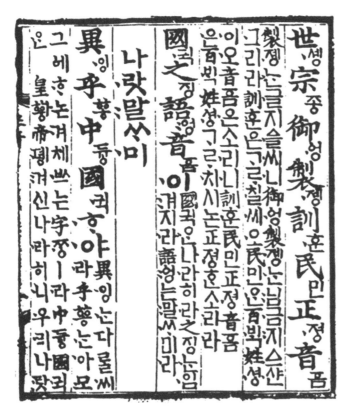

훈민정음 창제본

敢問何謂 浩然之氣
감 문 하 위　호 연 지 기

(공손추가 물었다) "감히 묻습니다. 호연지기란 무엇인지요?"

曰, 難言也. 其爲氣也 至大至剛
왈　난 언 야　기 위 기 야　지 대 지 강

(맹자가) 말했다. "말하기가 어렵다. 그 기의 됨됨이는 지극히 크고 지극히 강한데,

以直養而無害 則塞于天地之間
이 직 양 이 무 해　즉 색 우 천 지 지 간

올곧음으로써 기르고 해치지 않는다면 하늘과 땅 사이를 가득 채우게 된다."

其爲氣也 配義與道 無是 餒也
기 위 기 야　배 의 여 도　무 시　뇌 야

"그 기의 됨됨이는 의와 도를 짝으로 삼기에 이것들이 없으면 위축되고 만다.

是集義所生者 非義襲而取之也
시 집 의 소 생 자　비 의 습 이 취 지 야

그것은 의가 쌓여서 생겨나는 것이지 우연히 한 번 나의 행위가 의에 부합되었다고 해서 호연지기를 지니게 되는 것이 아니다."

行有不慊於心 則餒矣
행 유 불 염 어 심　즉 뇌 의

"행동하면서 마음에 흡족하지 않은 데가 있다면 이 호연지기는 위축되고 만다."

---

*뇌(餒): 굶주리다.

孟子曰 人皆有 不忍人之心
맹자왈 인개유 불인인지심

맹자가 말씀하셨다. 사람들은 누구나 차마 남의 고통을 외면하지 못하는 마음을 가지고 있다.

先王有 不忍人之心 斯有 不忍人之政矣
선왕유 불인인지심 사유 불인인지정의

선왕들께서는 차마 남의 고통을 외면하지 못하는 마음이 있었으므로 차마 남의 고통을 외면하지 못하는 정치를 하였다.

以不忍人之心 行不忍人之政 治天下 可運於掌上
이 불인인지심 행불인인지정 치천하 가운어장상

차마 남의 고통을 외면하지 못하는 마음으로 차마 남의 고통을 외면하지 못하는 정치를 실천한다면, 천하를 다스리는 것은 손바닥 위에서 움직이는 것 같이 쉬울 것이다.

所以謂人皆有 不忍人之心者
소 이 위 인 개 유 불 인 인 지 심 자

사람들은 누구나 차마 남의 고통을 외면하지 못하는 마음이 있다고 하는 것은 다음과 같은 근거에서이다.

今人乍 孺子將入於井 皆有怵 惻隱之心
금 인 작 유 자 장 입 어 정 개 유 출 측 은 지 심

만약 지금 어떤 사람이 문득 한 어린이가 우물 속으로 빠지게 되는 것을 보게 된다면, 누구나 깜짝 놀라며 측은하게 여기는 마음을 가지게 된다.

非所以內交 於孺子之父母也 非所以要譽 於鄕黨朋友也
비소이내교 어유자지부모야 비소이요예 어향당붕우야

非惡其聲而然也
비 악 기 성 이 연 야

그렇게 되는 것은 어린아이의 부모와 교분을 맺기 위해서가 아니고, 마을 사람과 친구들로부터 어린 아이를 구했다는 칭찬을 듣기 위해서도 아니며, 어린아이의 울부짖는 소리가 싫어서도 아니다.

由是觀之 無惻隱之心 非人也
유 시 관 지 무 측 은 지 심 비 인 야

이것을 통해 볼 때 측은하게 여기는 마음이 없다면 사람이 아니고

無羞惡之心 非人也
무 수 오 지 심 비 인 야

부끄러워하는 마음이 없다면 사람이 아니며,

無辭讓之心 非人也
무 사 양 지 심 비 인 야

사양하는 마음이 없다면 사람이 아니고,

無是非之心 非人也
무 시 비 지 심 비 인 야

옳고 그름을 판단하는 마음이 없다면 사람이 아니다.

惻隱之心 仁之端也
측 은 지 심 인 지 단 야

측은하게 여기는 마음은 인의 단서이고,

羞惡之心 義之端也
수 오 지 심 의 지 단 야

부끄러워하는 마음은 의의 단서이며,

辭讓之心 禮之端也
사 양 지 심 예 지 단 야

사양하는 마음은 예의 단서이고,

是非之心 智之端也
시 비 지 심 지 지 단 야

시비를 가리는 마음은 지의 단서이다.

人之有是 四端也 猶其有 四體也
인 지 유 시 사 단 야 유 기 유 사 체 야

사람이 이 네 가지 단서를 가지고 있는 것은 사람이 사지를 지니고 있는 것과 같다.

---

*출(怵) 두려워하다, 슬퍼하다.

高麗 恭愍王時 有民兄弟偕行 弟得黃金二錠 以其一 與兄
고려 공민왕시 유민형제해행 제득황금이정 이기일 여형

고려 공민왕 때 백성인 형과 아우가 함께 길을 가는데 동생이 황금 두 덩이를 얻어 그 하나를 형에게 주었다.

至孔巖津 同舟而濟 弟忽投金於水
지공암진 동주이제 제홀투금어수

공암진에 이르러 함께 배를 타고 건너는데 동생이 홀연 물에 금을 던졌다.

兄怪而問之 答曰
형괴이문지 답왈

형이 이상히 여겨 이유를 묻자 답하여 가로되,

吾平日 愛兄篤 今而分金 忽生忌兄之心
오평일 애형독 금이분금 홀생기형지심

"내가 평소 형을 사랑함이 돈독하였는데 이제 금을 나누자 갑자기 형을 꺼리는 마음이 생겼소.

此乃不祥之物 不若投諸江而忘之
차내불상지물 불약투제강이망지

이는 상서롭지 못한 물건이니 강에 던져 잊어버리는 것이 낫겠소."

兄曰 汝之言 誠是矣 亦投金於水
형왈 여지언 성시의 역투금어수

형이 가로되, "네 말이 진실로 옳다."하며 마찬가지로 금을 물에 던지더라.

水陸草木之花 可愛者甚蕃
_{수 륙 초 목 지 화　가 애 자 심 번}

물과 땅에 피는 초목의 꽃들에는 사랑스러운 것이 매우 많다.

晉陶淵明 獨愛菊 自李唐來 世人甚愛牡丹
_{진 도 연 명　독 애 국　자 이 당 래　세 인 심 애 모 란}

진의 도연명은 홀로 국화를 좋아했고, 이씨의 당나라 이래로 세상 사람들은 모란을 매우 사랑하였다.

予獨愛蓮之出於泥而不染
_{여 독 애 련 지 출 어 니 이 불 염}

나는 홀로 연꽃을 좋아하노라. 진흙에서 나왔으면서도 더럽혀지지 아니하고,

濯清漣而不夭
_{탁 청 연 이 불 요}

맑은 잔물결에 씻겨도 교태롭지 아니하며

中通外直 不蔓不枝
_{중 통 외 직　불 만 부 지}

속은 통하며 밖은 곧고, 덩굴을 뻗지 않고 가지도 치지 않으며

香遠益清 亭亭淨植
_{향 원 익 청　정 정 정 식}

향기는 멀어질수록 더욱 맑고, 곧고 깨끗하게 자라,

可遠觀而不可褻翫焉
_{가 원 관 이 불 가 설 완 언}

멀리서 바라볼 수만 있을 뿐, 가벼이 희롱할 없느니.

予謂 菊花之隱逸者也
_{여 위　국 화 지 은 일 자 야}

나는 국화를 꽃 중의 은둔자라 부르고,

牡丹花之富貴者也
모 란 화 지 부 귀 자 야

모란을 꽃 중의 부귀자라 부르며

蓮花之君子者也
연 화 지 군 자 자 야

연꽃을 꽃 중의 군자라 부르겠노라.

噫 菊之愛 陶後鮮有聞
희 국 지 애 도 후 선 유 문

아, 국화를 좋아하는 사람은 도연명 이후에 들어보기 어렵구나.

蓮之愛 同予者 何人
연 지 애 동 여 자 하 인

연꽃을 좋아하는 나와 같은 사람은 누구인가

牡丹之愛 宜乎衆矣
모 란 지 애 의 호 중 의

모란을 좋아하는 사람이야 마땅히 많이 있으리라.

臣聞吏議逐客 竊以爲過矣
신 문 리 의 축 객   절 이 위 과 의

신이 듣건대, 관리들 중에는 이인들을 쫓아낼 것을 발의한 사람이 있다고 하니, 저의 생각으로는 잘못된 일이라 여깁니다.

昔者繆公求士 西取由余於戎
석 자 목 공 구 사   서 취 유 여 어 융

그 옛날 목공은 인재들을 구함에 〈서융〉에서 〈유여〉를 구하였고,

東得百里奚於宛 迎蹇叔於宋
동 득 백 리 해 어 완   영 건 숙 어 송

〈동완〉에서 〈백리해〉를 얻었으며, 〈송〉에서는 〈건숙〉을 영입하였습니다.

來邳豹公孫支於晉
내 비 표 공 손 지 어 진

〈晉〉나라로부터는 〈비표〉와 〈공손지〉를 데려왔습니다.

此五子者 不産於秦 而繆公用之 幷國二十 遂霸西戎
차 오 자 자   불 산 어 진   이 목 공 용 지   병 국 이 십   수 패 서 융

이 다섯 사람은 진나라 출신이 아니지만 목공은 그들을 등용하여 이십 국을 합병시켰고, 마침내 〈서융〉의 패자가 되었습니다.

孝公用商鞅之法 移風易俗
효 공 용 상 앙 지 법   이 풍 역 속

효공은 상앙을 등용하여 풍속을 바로 잡고

民以殷盛 國以富强
민 이 은 성 국 이 부 강

백성들을 잘살게 하고 나라를 부강케 하여

百姓樂用 諸侯親服
백 성 락 용 제 후 친 복

백성들은 부역을 즐기고 제후들은 친히 복종하게 되었고

獲楚魏之師 擧地千里 至今致强
획 초 위 지 사 거 지 천 리 지 금 치 강

그리고 초와 위의 군대를 얻어 천리의 땅을 더 넓혀 지금껏 나라가 잘 다스려지고 강하게 만들었습니다.

惠王用張儀之計 拔三千之地
혜 왕 용 장 의 지 계 발 삼 천 지 지

혜왕은 장의의 계책을 사용하여 한나라의 삼천의 땅을 빼앗고

西幷巴蜀 北收上郡 南取漢中 包九夷制鄢郢
서 병 파 촉 북 수 상 군 남 취 한 중 포 구 이 제 언 영

서쪽으로는 파촉 땅을 합병하였으며, 북쪽으로는 상군을 거둬들이고 남쪽으로는 한중의 땅을 빼앗았으며, 구이를 합병하고 언영을 제압하였습니다.

東擧成皋之險 割膏肥之壤
동 거 성 고 지 험 할 고 비 지 양

동으로 성고의 험한 지형에 의지하고 비옥한 땅을 떼어내게 함으로써

遂散六國之從 使之西面事秦 功施到今
수 산 육 국 지 종 사 지 서 면 사 진 공 시 도 금

마침내는 육국의 합종책을 무산시키어 그들로 하여금 서쪽으로 향하여 진나라를 섬기도록 하였으니, 그 공은 지금껏 미치고 있습니다.

昭王得范睢 廢穰侯逐華陽
소 왕 득 범 휴   폐 양 후 축 화 양

소왕은 범저를 등용하여 재상인 양후 위염을 폐위시키고 화양군을 쫓아내어

疆公室杜私門 蠶食諸侯 使秦成帝業
강 공 실 두 사 문   잠 식 제 후   사 진 성 제 업

진나라 공실을 강하게 하고 사사로운 세력을 막았으며, 제후들을 잠식하여 진나라로 하여금 제왕의 대업을 이루게 하였습니다.

此四君者 皆以客之功
차 사 군 자   개 이 객 지 공

이들 네 임금은 모두 외인들의 공로를 쓴 것입니다.

由此觀之 客何負於秦哉
유 차 관 지   객 하 부 어 진 재

이로써 본다면 이방인들이 진에 무엇을 잘못한 것입니까?

向使四君 郤客而不內 疏士而不用
향 사 사 군   극 객 이 불 내   소 사 이 불 용

전날 만약에 이 네 임금들이 이인들을 물리치고 등용하지 않았다면

是使國無不利之實 以秦無疆大之名也
시 사 국 무 부 리 지 실   이 진 무 강 대 지 명 야

나라의 허물을 덮어버림으로써 진나라가 강성하다는 명성은 없었을 것입니다.

(…이하생략…)

12 前 赤壁賦(전 적벽부), 蘇軾(소식)

壬戌之秋。七月旣望。蘇子與客。泛舟遊於赤壁之下。清
임 술 지 추 칠 월 기 망 소 자 여 객 핍 주 유 어 적 벽 지 하 청

風徐來。水波不興。擧舟屬客。誦明月之詩。歌窈窕之
풍 서 래 수 파 불 흥 거 주 속 객 송 명 월 지 시 가 요 조 지

章。少焉。月出於東山之上。徘徊於斗牛之間。
장 소 언 월 출 어 동 산 지 상 배 회 어 두 우 지 간

　임술년(壬戌, 1082년) 가을 7월 기망(旣望, 음력 16일)에 소자(蘇子) 손(客)과 적벽(赤壁)
아래 배를 띄워 노닐새, 맑은 바람은 서서히 불고 물결은 일지 않더라. 술을 들어 손에게
권하며 명월(明月)의 시를 외우고 요조(窈窕)의 장(章)을 노래하였더니, 이윽고 달이 동쪽
산 위에 솟아올라 북극성과 견우성 사이를 서성이더라.

白露橫江。水光接天。縱一葦之所如。凌萬頃之茫然。浩
백 로 횡 강 수 광 접 천 종 일 휘 지 소 여 능 만 경 지 망 연 호

浩乎。如憑虛御風。而不知其所止。飄飄乎。如遺世獨
호 호 여 빙 허 어 풍 이 부 지 기 소 지 표 표 호 여 유 세 독

立。羽化而登仙
립 우 화 이 등 선

　이슬은 강물에 비스듬히 비추고, 물빛은 하늘로 이어졌구나. 한 잎 갈대처럼 작은 배가
가는 대로 맡겨, 일만 이랑 아득한 물결을 헤치니, 넓고도 넓구나 허공에 기대어 바람 타고
그칠 데를 알 수 없고, (바람에) 나부끼는구나, 인간 세상을 버리고 홀로 서니, 날개 돋아
신선(神仙)이 되는 듯하네.

於是。飲酒樂甚。扣舷而歌之。歌曰，桂棹兮蘭槳。擊空
어시　음주낙심　구현이가지　가왈　계탁혜란장　격공

明兮泝流光。渺渺兮予懷。望美人兮天一方。客有吹洞簫
명혜소류광　묘묘혜여회　망미인혜천일방　객유취동소

者。倚歌而和之。其聲嗚嗚然。如怨如慕。如泣如訴。餘音
자　기가이화지　기성명명연　여원여모　여읍여소　여음

嫋嫋。不絶如縷。舞幽壑之潛蛟。泣孤舟之嫠婦。
요요　부절여루　무유학지잠교　읍고주지이부

이에, 술 마시고 흥취가 더해지니 뱃전을 두드리며 노래 부르니, 노래는 "계수나무 노와 목란(木蘭) 돛대로 물속 훤히 비치는 달빛을 거슬러 오르는구나. 끝없이 이어지네 나의 상념은. 미인 같은 달을 하늘 한켠으로 바라본다네." 손님 중에 통소 부는 이 있어 노래 따라 화답하니, 그 소리는 슬프고 슬퍼 원망하는 듯 사모하는 듯, 우는 듯 하소연하는 듯, 후렴은 간드러지게 이어져 깊은 계곡에 사는 교룡(蛟龍)을 춤추게 만들고 작은 배에 탄 과부를 울리는구나.

---

*嫋(요, 뇨): 예쁘다. 간드러지다. 嫠(이): 다스리다.

蘇者。愀然正襟。危坐而問客曰，何爲其然也 客曰，月明
소자　추연정금　위좌이문객왈　하위기연야　객왈　월명

星稀。烏鵲南飛 此非曹孟德之詩乎 西望夏口。東望武昌。
성희　오작남비　차비조맹덕지시호　서망하구　동망무창

山川上繆。鬱乎蒼蒼。此非孟德之困於周郞者乎
산천상무　울호창창　차비맹덕지곤어주랑자호

소자가 근심스레 옷깃을 여미고 바로앉아 손에게 묻기를 "어찌 그리 소리가 그리한가(신통한가)" 하니, 손이 말하기를 "'달은 밝고 별은 성근데 까막까치 남쪽으로 날아가네.' 이는 조조의 시가 아니던가? 서쪽으론 하구(夏口)를 바라보고 동쪽으론 무창(武昌)을 바라보니 산천(山川)이 서로 뒤얽혀 빽빽하고 푸른데, 이곳 적벽은 조조가 주유에게 곤욕을 치른 곳 아니던가?"

---

*繆(무): 얽다 묶다. 危坐(위좌): 正坐(정좌)

方其破荊州。 下江陵。 順流於東也。 軸艫千里。 旌旗蔽
방 기 파 형 주   하 강 릉   순 류 어 동 야   축 로 천 리   정 기 폐

空。 釃酒臨江。 橫槊賦詩。 固一世之雄也。 而今安在哉   況
공   시 주 임 강   횡 삭 부 시   고 일 세 지 웅 야   이 금 안 재 재   황

吾與子。 漁樵於江渚之上。 侶魚蝦而友麋鹿。
오 여 자   어 초 어 강 저 지 상   여 어 하 이 우 미 록

바야흐로 (조조의 군사가) 형주를 깨뜨리고 강릉으로 내려갈 때 흐름 따라 동으로 가는
데, 배는 천리로 이어지고 깃발은 하늘을 가렸구나. 술을 걸러 강물을 굽어보며 창을 비껴
들고 시를 읊으니 진실로 일세(一世)의 영웅이러니 지금 그대는 어디에 있는가? 하물며
나는 그대와 강가에서 고기 잡고 나무 하며, 물고기와 새우를 짝하고 고라니와 사슴을
벗하고 있구나.

---

*麋鹿(미록): 고라니와 사슴

賀一葉之扁舟。 擧匏樽而相屬。 寄蜉蝣於天地。 渺滄海之
하 일 엽 지 편 주   거 포 준 이 상 속   기 부 유 어 천 지   묘 창 해 지

一粟。 哀吾生之須臾。 羨長江之無窮。 挾飛仙遨遊。   抱明
일 속   애 오 생 지 수 유   선 장 강 지 무 궁   협 비 선 오 유   포 명

月而長終。 知不可乎驟得。 託遺響於悲風。
월 이 장 종   지 불 가 호 취 득   탁 유 향 어 비 풍

잎새 같은 작은 배를 타고 술잔을 들어 서로 권하며, 하루살이 삶은 천지(天地)에 의지하
고 아득한 넓은 바다의 한 알갱이 좁쌀만큼 보잘 것 없는 삶이로구나. 우리네 짧은 인생
애달파 하며 장강의 무궁함을 한없이 부러워하네. 하늘 나는 신선과 함께 즐거이 노닐며,
밝은 달 품고 길이 마치는 것은 얻지 못할 줄 알새, 이 슬픔 퉁소에 담아 부노라니 슬픈
가락 울려 퍼지네.

---

*須臾(수유): 짧은 시간

蘇者曰, 客亦知夫水與月乎 逝者如斯。而未嘗往也。盈虛
소 자 왈 객 역 지 부 수 여 월 호 서 자 여 사 이 미 상 왕 야 영 허

者如彼。而卒莫消長也。蓋將自其變者而觀之。則天地曾
자 여 피 이 졸 막 소 장 야 개 장 자 기 변 자 이 관 지 즉 천 지 증

不 能以一瞬。自其不變者而觀之。則物與我皆無盡也。而
불 능 이 일 순 자 기 불 변 자 이 관 지 즉 물 여 아 개 무 진 야 이

又何羨乎。
우 하 선 호

   소자 (위로하여) 말하되 "손도 저 물과 달을 아는가? 가는 것은 이와 같으되 일찍이 가지
않았으며, 차고 비는 것(차고 기우는 달)이 저와 같으되 마침내 줄고 늚이 없으니, 변하는
데서 보면 천지(天地)도 한 순간일 수밖에 없으며, 변하지 않는 데서 보면 사물과 내가
다 다함이 없으니 또 무엇을 부러워하리오."

---

*羨(선): 부러워하다

且夫天地之間。物各有主。苟非吾之所有。雖一毫而莫
차 부 천 지 지 간 물 각 유 주 구 비 오 지 소 유 수 일 호 이 막

取。惟江上之清風。與山間之明月。而得之而爲聲。目遇
취 유 강 상 지 청 풍 여 산 간 지 명 월 이 득 지 이 위 성 목 우

之而成色。取之無禁。用之不竭。是造物者之無盡藏也。
지 이 성 색 취 지 무 금 용 지 부 갈 시 조 물 자 지 무 진 장 야

而吾與者之所共食。
이 오 여 자 지 소 공 식

   또한, 무릇 천지 간 사물은 제각각 주인이 있어서, 내 소유가 아니면 터럭 하나도 가질
수 없으나, 강물 위로 불어오는 맑은 바람은 귀로 들으면 소리가 되고, 산간(山間)에 뜬
밝은 달은 눈으로 보면 모양을 이루니, (바람과 달을) 가져도 금할 이가 없고 바람과 달을
사용해도 다함이 없으니, 조물주(造物主)의 무한한 보물이고 나와 그대가 함께 누릴 양식이
로다.

客喜而笑。洗盞更酌。肴核旣盡。杯盤狼藉相與枕籍乎舟
객 희 이 소 세 잔 경 작 효 핵 기 진 배 반 낭 자 상 여 침 적 호 주

中。不知東方之旣白。
중 부 지 동 방 지 기 백

　손이 기뻐하며 웃고, 잔을 씻어 다시 술을 들고 안주가 다하니 잔과 쟁반이 어지러웠는데, 배 안에서 서로 팔베개를 하고 누워 동 트는 줄도 몰랐다.

山不在高 有仙則名
산 불 재 고 유 선 즉 명

산이 높지는 않아도 신선이 살고 있으면 이름이 나고

水不在深 有龍則靈
수 불 재 심 유 용 즉 령

수심이 깊지 않아도 용이 있으면 신령스럽다네.

斯是陋室 惟吾德馨
사 시 누 실 유 오 덕 형

이 집은 좁고 누추하나 나의 향기 그윽한 덕만 있을 뿐.

苔痕上階綠 草色入簾靑
태 흔 상 계 록 초 색 입 렴 청

이끼 낀 자취는 섬돌 위에 푸르고 풀빛은 주렴에 비쳐 들어 푸르름을 더하네.

談笑有鴻儒 往來無白丁
담 소 유 홍 유 왕 래 무 백 정

좋은 선비들과 담소를 나누지만 속된 자들과는 교유하지 않는다네.

可以調素琴閱金經
가 이 조 소 금 열 금 경

거문고를 타면서 불경을 펼쳐 읽을 만하구나.

無絲竹之亂耳 無案牘之勞形
무 사 죽 지 란 이 무 안 독 지 로 형

시끄러운 음악이 내 귀를 어지럽히지 않으려니와 공문서가 날 수고롭게 할 리도 없으리라.

南陽諸葛廬 西蜀子雲亭
남 양 제 갈 려 서 촉 자 운 정

(내 집은) 남양 제갈량이 살던 초가집에 견줄 만하고 서촉 양웅이 오르던 정자와도 같구나.

孔子云 何陋之有
공 자 운 하 누 지 유

공자께서 말씀하셨듯 대체 무엇이 누추하다는 말인가.

9장

중국 한시의 세계

1	**세월은 그대를 기다려주지 않고** 원제: 雜詩(잡시), 陶潛(도잠)

人生無根蔕, 飄如陌上塵.
인 생 무 근 체   표 여 맥 상 진

인생이란 뿌리도 꼭지도 없이
표연히 날리는 길 위의 티끌과도 같아

分散逐風轉, 此已非常身.
분 산 축 풍 전   차 이 비 상 신

흩어져 바람 따라 굴러다니니
이것이 이미 불변의 몸뚱이 아닐지.

落地爲兄弟, 何必骨肉親.
낙 지 위 형 제   하 필 골 육 친

세상에 나와 형제 됨은
하필 골육의 친척뿐이랴.

得歡當作樂, 斗酒聚比隣.
득 환 당 작 락　두 주 취 비 린

기쁜 일 맞으면 마땅히 즐거워하리니
말술 있으면 가까운 이웃을 모으렴.

盛年不重來, 一日難再晨.
성 년 부 중 래　일 일 난 재 신

한창 때는 다시 오지 아니하고
하루에 두 번씩 새벽이 오기 어려운 법

及時當勉勵, 歲月不待人.
급 시 당 면 려　세 월 불 대 인

때를 만나면 부지런히 노력해야 할지니
세월은 그대를 기다려주지 않는다네.

2 왜 산에서 사느냐 묻네
원제: 山中問答(산중문답), 李白(이백)

問余何事 棲碧山, 왜 깊은 산에 사느냐는 물음에,
문 여 하 사   서 벽 산

笑而不答 心自閑. 웃으며 답하지 않으니 마음은 절로 한가롭네.
소 이 부 답   심 자 한

挑花流水 杳然去, 복숭아꽃 흐르는 물에 아득히 떠가니,
도 화 유 수   묘 연 거

別有天地 非人間. 이곳은 별천지라 인간 세상 아니라네.
별 유 천 지   비 인 간

—『李太白詩全集(이태백시전집)』

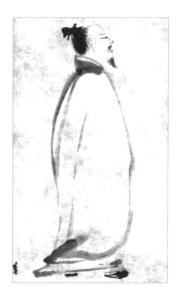

이백

홀로 산속에 앉아

원제: 獨坐敬停山(독좌경정산), 李白(이백)

眾鳥 高飛盡 새떼도 모두 높이 날아가버리고
중조 고 비 진

孤雲 獨去閒 홀로 떠가는 외로운 구름 한가롭기만 해
고 운 독 거 한

相看 兩不厭 (산과 나) 서로 마주보며 싫증나지 않으니
상 간 양 불 염

只有 敬停山 다만 경정산만 있을 뿐이네
지 유 경 정 산

---

*경정산(敬停山): 안휘성(安徽城) 선성(宣城)에 있는 산.

4 산중에서 술을 마시며
원제: 山中與幽人對酌(산중여유인대작), 李白(이백)

兩人對酌 山花開 두 사람 술잔을 기울이니 산에는 꽃이 피네
양 인 대 작 산 화 개

一杯一杯 復一杯 한잔, 한잔, 다시 또 한잔
일 배 일 배 부 일 배

我醉欲眠 君且去 나는 취해 잠을 청하려하니 그대는 이제 가게나
아 취 욕 면 군 차 거

明朝有意 抱琴來 내일 아침 올 뜻 있으면 거문고 안고 오게나
명 조 유 의 포 금 래

---

*유인(幽人): 산속에 숨어 지내는 사람.

5 봄을 맞으며
원제: 春望(춘망), 杜甫(두보)

國破 山河在, 나라는 망해도 산하는 그대로
국 파 산 하 재

城春 草木深. 봄이 온 성에는 초목만 무성하네.
성 춘 초 목 심

感時 花濺淚, 시절을 느끼니 꽃이 눈물 뿌리고,
감 시 화 천 루

恨別 鳥驚心. 이별을 슬퍼하니 새조차 놀라는 마음.
한 별 조 경 심

烽火 連三月, 봉화는 석 달이나 이어졌으니,
봉 화 연 삼 월

家書 低萬金. 집 편지는 만금보다 값지고.
가 서 저 만 금

白頭 搔更短, 흰 머리 긁으니 다시 짧아져,
백 두 소 갱 단

渾欲 不勝簪. 온통 비녀를 이기지 못하도다.
혼 욕 불 승 잠

―『分類杜工部詩諺解(분류두공부시언해)』

봄밤에 내리는 반가운 비
원제: 春夜喜雨(춘야희우), 杜甫(두보)

好雨 知時節, 좋은 비 시절을 알고 내리니,
호 우　지 시 절

當春 乃發生. 봄을 맞아 생명이 움을 틔우네.
당 춘　내 발 생

隨風 潛入夜, 비는 바람결 따라 밤까지 스며들더니,
수 풍　잠 입 야

潤物 細無聲. 보슬비는 소리도 없이 만물을 적시네.
윤 물　세 무 성

野徑 雲俱黑, 들길은 짙은 구름 드리워 어둑해지는데,
야 경　운 구 흑

江船 火燭明. 강에는 고깃배 불을 밝혔네.
강 선　화 촉 명

曉看 紅濕處, 새벽녘 붉게 물든 곳을 바라보니,
효 간　홍 습 처

花重 錦官城. 금관성의 꽃들도 비에 젖었으리.
화 중　금 관 성

—『分類杜工部詩諺解(분류두공부시언해)』

岱宗 夫如何 태산 마루는 그 어떠한가 하니,
대 종 부 여 하

齊魯 青未了 제나라와 노나라에 걸친 그 푸르름 끝이 없구나.
제 노 청 미 료

造化 鐘神秀 천지간에 신령스럽고 빼어난 것 모두 모았고,
조 화 종 신 수

陰陽 割昏曉 (산의) 북쪽과 남쪽은 어두움과 밝음을 갈라 놓았네.
음 양 할 혼 효

盪胸 生層雲 층층이 펼쳐진 구름바다 가슴을 후련히 틔워주고,
탕 흉 생 층 운

決眥 入歸鳥 눈을 크게 뜨고는 돌아가는 새를 바라보네.
결 자 입 귀 조

會當 凌絶頂 반드시 태산 꼭대기에 올라
회 당 능 절 정

一覽 衆山小 내 한번 보리라 뭇 산과 천하의 작음을.
일 람 중 산 소

---

*岱宗(대종): 동악(東嶽) 중 하나인 태산(泰山). 산둥성[山東省] 태안현에 있음.
*齊魯(제노): 제나라, 노나라. 춘추전국시대에는 태산 남이 노(魯)나라, 북이 제(齊)나라였음.
*盪胸(탕흉): 가슴이 탁 트이는 것.　　　*決眥(결자): 눈을 부릅뜨는 모양.

8 가난한 시절의 사귐을 기억하라
원제: 貧交行(빈교행), 杜甫(두보)

飜手作雲 覆手雨
번 수 작 운　복 수 우

손 뒤집으면 구름 일게 하고
손을 엎으면 비 오게 하니

紛紛輕薄 何須數
분 분 경 박　하 수 수

수없이 어지러운 경박함을 어찌 따질 필요 있겠는가.

君不見 官鮑貧時交
군 불 견　관 포 빈 시 교

그대는 보지 못 했는가
관중과 포숙의 가난할 때의 사귐을

此道今人 棄如土
차 도 금 인　기 여 토

이 도리를 지금 사람들은
흙 버리듯 쉽게 하네.

두보

술잔을 주고 받으며 건네는 말
원제: 酬張少府(수장소부), 王維(왕유)

晚年 惟好靜
만 년   유 호 정
만년에는 오직 고요함만 좋아해

萬事 不關心
만 사   불 관 심
세상 모든 일에 관심이 없네.

自顧 無長策
자 고   무 장 책
스스로 둘러보니 별다른 방책도 없어

空知 返舊林
공 지   반 구 림
덧없음을 알고는 고향으로 돌아왔네.

松風 吹解帶
송 풍   취 해 대
솔바람은 풀어둔 허리띠를 날리고

山月 照彈琴
산 월   조 탄 금
산 높이 뜬 달은 거문고를 비추네.

君問 窮通理
군 문   궁 통 리
그대는 궁통의 이치를 물으나

漁歌 入浦深
어 가   입 포 심
어부의 노랫소리 포구에서 아득히 들려오네.

---

*소부(小府): 현위(縣尉)의 별칭. 차관급 관리.
*장책(長策): 좋은 계책.
*해대(解帶): 허리 띠.
*궁통(窮通): 빈궁과 영달.

人皆養子 望總名
인 개 양 자　망 총 명
남들은 모두 자식 길러 총명하길 바라나

我被總名 誤一生
아 피 총 명　오 일 생
나는야 총명으로 한생을 잘못 들었거니

惟願孩兒 愚且魯
유 원 해 아　우 차 노
다만 이 아이가 어리석고 미련하나

無災無難 到公卿
무 재 무 난　도 공 경
탈 없고 어려움 겪지 않고 벼슬에 오르기를 바랄 뿐

더위를 이기는 법

원제: 無題(무제), 蘇東坡(소동파)

人皆 若炎熱 모든 이들 찌는 더위 힘들어하나
인 개 약 염 렬

我愛 夏日長 나는야 여름날 긴 하루를 좋아하네
아 애 하 일 장

薰風 自南來 산들바람 남에서 불어오니,
훈 풍 자 남 래

殿閣 生微凉 집안은 조금이나마 시원해지네
전 각 생 미 량

一爲 居所移 거처를 한 번 옮겨 보니,
일 위 거 소 이

苦樂 永相忘 괴로움 즐거움 모두 잊어버리네
고 락 영 상 망

願言 均此施 원컨대 이 혜택 고루 베풀어,
원 언 균 차 시

清陰 分四方 맑은 그늘 세상에 나누기를.
청 음 분 사 방

그대 말에 답하기를
원제: 答人(답인), 蘇東坡(소동파)

莫問 如世何
막 문 여 세 하
이 세상을 어찌 헤야 좋겠냐고 내게 묻지 마시게.

寸心 未暇及
촌 심 미 가 급
작은 내 마음 거기까지 이를 만큼 한가롭지 않다네.

窓外 寒梅香
창 외 한 매 향
창밖에 핀 매화는 향기롭기만 한데,

但恐 風塵襲
단 공 풍 진 습
다만 풍진(風塵)이 매화를 덮칠까 그게 걱정이라네.

---

*풍진(風塵): 바람에 날리는 티끌.

10장

한국의 한시

1 가야산 독서당에서
원제: 伽倻山讀書堂(가야산독서당), 崔致遠(최치원)

狂噴疊石 吼重巒,
광 분 첩 석　후 중 만
첩첩 바위 사이로 미친 듯 달려 봉우리 울리니,

人語難分 咫尺間.
인 어 난 분　지 척 간
사람의 말소리 지척서도 분간키 어렵네.

常恐是非 聲到耳,
상 공 시 비　성 도 이
늘 시비하는 소리 귓가에 들릴까 두려워,

故敎流水 盡籠山.
고 교 유 수　진 농 산
짐짓 흐르는 물로 온 산을 둘러버렸다네.

　　　　　　　　　　　　　　　　　　—『東文選(동문선)』

가을밤 비는 내리고
원제: 秋夜雨中(추야우중), 崔致遠(최치원)

秋風惟苦吟, 가을바람에 읊조리는 간절한 시,
추 풍 유 고 음

世路少知音 세상살이에 알아주는 이는 적고.
세 로 소 지 음

窓外三更雨 깊은 밤 창밖에 내리는 빗소리.
창 외 삼 경 우

燈前萬里心 등불 앞엔 만 리를 내닫는 마음.
등 전 만 리 심

수나라 장수 우중문에게 보내는 시

원제: 與隨將遺于仲文(여수장유우중문), 乙支文德(을지문덕)

神策究天文 천문에 능한 신령한 계책,
신 책 구 천 문

妙算窮地理 지리를 꿰뚫어 본 오묘한 헤아림.
묘 산 궁 지 리

戰勝功旣高 싸움에 이겨 이미 공이 높으니,
전 승 공 기 고

知足願云止 족함을 알고 그만 그치시게나.
지 족 원 운 지

---

*궁구(窮究): 속 깊이 연구함, 또는 그렇게 하는 연구.

님을 보내며

원제: 送人(송인), 鄭知常(정지상)

1. 가을날 님을 보내며

庭前庭一落葉　床下百蟲悲
정 전 정 일 낙 엽　상 하 백 충 비

뜰 안에는 떨어진 잎새 하나 마루 밑
엔 온갖 벌레 구슬피 우네

忽忽不可止　悠悠何所之
홀 홀 불 가 지　유 유 하 소 지

갑작스레 떠나는 임 잡지 못해 저멀리
떠나가는 임 대체 어디를 가시는지

片心山盡處　孤夢月明時
편 심 산 진 처　고 몽 월 명 시

조각난 내맘은 님 떠난 산모롱이에
머물고 외로운 꿈 깨어 보니 달만 휘
영청

南浦春波綠　君休負後期
남 포 춘 파 록　군 휴 부 후 기

남포에 봄이 와서 물이 푸르러지거
든 그대 잊지 마소서 돌아온다는 기
약을.

2. 봄날 님을 보내며

雨歇長堤 草色多, 비 개인 긴 방죽으로 풀빛 더욱 푸른데,
우 헐 장 제 초 색 다

送君南浦 動悲歌. 그대를 남포에서 보내며 슬픈 노래 부르네.
송 군 남 포 동 비 가

大同江水 何時盡, 대동강 물은 언제 다 마를까,
대 동 강 수 하 시 진

別淚年年 添綠波. 이별의 눈물 해마다 푸른 물결에 더해질 테니...
별 루 년 년 첨 록 파

—『東文選(동문선)』

삶의 네가지 큰 기쁨
원제: 四快(사쾌), 李奎報(이규보)

大旱 逢甘雨 큰 가뭄 뒤 내리는 단비,
대 한 봉 감 우

他鄕 見故人 타향에서 만난 옛 친구.
타 향 견 고 인

洞房 華燭夜 신방의 화촉이 타는 밤,
동 방 화 촉 야

金榜 掛長名 급제하여 나붙는 귀한 이름.
금 방 괘 장 명

---

*洞房: 여인이 거처하는 방.
*故人: 고향 사람.

꽃을 든 신부
원제: 折花行(절화행), 李奎報(이규보)

牡丹含露眞珠顆
모 란 함 로 진 주 과

모란꽃은 이슬을 머금어 진주처럼 영롱한데

美人折得窓前過
미 인 절 득 창 전 과

아리따운 신부가 모란을 꺾어들고 창가를 지나다가

含笑問檀郎　花强妾貌强
함 소 문 단 랑　화 강 첩 모 강

미소 띤 얼굴로 신랑에게 묻기를 "꽃이 예뻐요 제가 예뻐요?"

檀郎故相戲　强道花枝好
단 랑 고 상 희　강 도 화 지 호

신랑이 짐짓 장난스레 "당신보다 꽃이 더 예쁘네요"

美人妬花勝　踏破花枝道
미 인 투 화 승　답 파 화 지 도

신부는 꽃이 더 예쁘다는 신랑 말에 꽃가지 밟아뭉개며

花若勝於妾　今宵花同宿
화 약 승 어 첩　금 소 화 동 숙

"꽃이 저보다 예쁘니 오늘밤은 꽃과 함께 주무시구려"

*행(行): 악부체(樂府體)의 시.
*과(顆): 낟알 같은 덩어리. 여기서는 이슬방울을 가리킴.

이별의 말 한 마디도 못하고

원제: 無語別(무어별), 林悌(임제)

十五 越溪女
십 오 월 계 녀
열다섯 살 월계의 아가씨

羞人 無語別
수 인 무 어 별
남부끄러워 말도 못 하고 헤어졌네.

歸來 掩重門
귀 래 엄 중 문
집에 돌아와서는 덧문 닫아 걸고는

泣向 梨花月
읍 향 이 화 월
배꽃 사이로 걸린 달을 보며 하염없이 눈물만 흘리네.

8 뻐꾸기 울음소리

원제: 布穀(포곡), 권필(權韠)

布穀 布穀
포 곡 포 곡

뻐꾹 뻐꾹

布穀聲中春意足
포 곡 성 중 춘 의 족

뻐꾸기 울음으로 봄은 무르익어 가는데

健兒南征村巷空
건 아 남 정 촌 항 공

사내들은 남쪽으로 전쟁 나가 마을 골목은
텅 비었네.

落日唯聞寡妻哭
낙 일 유 문 과 처 곡

해 저무는 저녁 들리는 건 과부 된 아낙의
구슬픈 울음

布穀啼 誰布穀
포 곡 제 수 포 곡

씨 뿌려라 뻐꾸기는 울어대지만 그 누가 씨
를 뿌리려나

田園茫茫烟草綠
전 원 망 망 연 초 록

들판으론 아득히 풀빛만 짙어가네.

눈길을 걸어갈 때는
원제: 踏雪野中去(답설야중거), 西山大師(서산대사)

踏雪野中去 눈 덮힌 들판 걸어갈 때에는
답 설 야 중 거

不須胡亂行 발걸음을 어지럽게 걷지 말아라.
불 수 호 난 행

今日我行跡 오늘 걷는 내 발자국은
금 일 아 행 적

遂作後人程 뒤에 오는 사람의 이정표 되리니.
수 작 후 인 정

죽은 아내를 그리며

원제: 哭內(곡내), 任叔英(임숙영)

大抵婦人性
대 저 부 인 성

무릇 부인의 성품이란

貧居易悲傷
빈 거 이 비 상

가난하게 살면 슬퍼하고 상심하기 쉬우나

嗟嗟我內子
차 차 아 내 자

아아 나의 안사람은

在困恒色康
재 곤 항 색 강

곤궁했으나 언제나 얼굴빛 온화했다네

大抵婦人性
대 저 부 인 성

무릇 부인들 성품이란

所慕惟榮光
소 모 유 영 광

영광을 누리기 좋아하지만

嗟嗟我內子
차 차 아 내 자

아아 나의 안사람은

不羨官位昌
불 선 관 위 창

높은 벼슬 부러워하지 않았다네

知我不諧俗
지 아 불 해 속

세상과 못 어울리는 나를 알고 있어서

勸我長退藏
권 아 장 퇴 장

내게 관직에서 물러나라고 권하기도 했다네

斯言猶在耳
사 언 유 재 이

그대의 말이 아직도 귀에 남아 있는데

雖死不能忘
수 사 불 능 망

비록 죽었다 해도 어찌 잊을 수 있을까

惻惻念炯戒
측 측 념 경 계

진심을 다해 조심하라는 말 마음 깊이 새기며

慷慨庶自將
강 개 서 자 장

잊지 않고 스스로 지켜 가리다

莫言隔冥漠
막 언 격 명 막

저승이 멀리 있다 말하지 마시길

視我甚昭彰
시 아 심 소 창

나를 저리 환히 내려다보고 있으니

---

*임숙영: 1576(선조9년)~1623(인조1년). 조선 중기 문신. 본관은 풍천(豊川). 자는 무숙(茂淑), 호는 소암(疎庵).

모기를 미워함
원제: 憎蚊(증문), 丁若鏞(정약용)

猛虎咆籬根
맹 호 포 리 근

사나운 호랑이 울밑에서 으르렁대도

我能齁齁眠
아 능 후 후 면

나는 코 골며 능히 잠자고

脩蛇掛屋角
수 사 괘 옥 각

큰뱀이 처마 끝에 걸려 있어도

且臥看蜿蜒
차 와 간 완 연

누운 채로 꿈틀거리는 꼴 볼 수 있으나

一蚊譻然聲到耳
일 문 앵 연 성 도 이

모기 한놈 왱 하니 귓전에 소리 들리면

氣怯膽落腸內煎
기 겁 담 락 장 내 전

기겁하고 간담이 서늘하고 속이 탄다네

插觜吮血斯足矣
삽 자 연 혈 사 족 의

부리 꽂아 피 빨면 그걸로 만족해야지

吹毒次骨又胡然
취 독 차 골 우 호 연

어찌해서 뼈에까지 독기를 불어넣느냐

布衾密包但露頂
포 금 밀 포 단 로 정

삼베 홑이불을 뒤집어쓰고 정수리만 내놓아도

須臾瘣瘤萬顆如佛巓
수 유 외 뢰 만 과 여 불 전

금새 울퉁불퉁 혹이 돋아 부처머리 돼버리고

頰雖自批亦虛發
협 수 자 비 역 허 발

제 뺨을 제가 쳐도 허탕치기 일쑤며

髀將急拊先已遷
비 장 급 부 선 이 천

넓적다리 급히 두들겨도 그놈은 벌써 가버리고 없으니

力戰無功不成寐
역 전 무 공 불 성 매

싸워봐야 소용없고 잠만 공연히 못이루니

漫漫夏夜長如年
만 만 하 야 장 여 년

여름밤 지루하기가 일년처럼 길기만 하누나

汝質至眇族至賤
여 질 지 묘 족 지 천

네놈은 몸통도 그리 작고 종자도 천한 것이

何爲逢人輒流涎
하 위 봉 인 첩 유 연

어찌 그리 사람만 보면 침을 그리 흘리느냐

夜行眞學盜
야 행 진 학 도

밤새 다니며 도둑질만 배우는 게 일이니

血食豈由賢
혈 식 기 유 현

네놈이 무슨 현자라고 혈식을 한단 말이냐

憶曾校書大酉舍
억 증 교 서 대 유 사

생각해보면 그 옛날 대유사에서 교서할 때는

蒼松白鶴羅堂前
창 송 백 학 나 당 전

집 앞에 푸른 소나무 백학이 줄지어 있고

六月飛蠅凍不起
육 월 비 승 동 불 기

유월에도 파리조차 꼼짝을 못했기에

偃息綠簟聞寒蟬
언 식 록 점 문 한 선

대자리에 누워 편히 쉬며 매미소리 들었으나

如今土床薦藁鞈
여 금 토 상 천 고 갈

지금은 흙바닥에 볏짚 깔고 사는 신세

蚊由我召非汝愆
문 유 아 소 비 여 건

내가 너를 불러들인 것이니 네 탓은 아니구나

고향땅 부모님을 그리워하며
원제: 思親(사친), 申師任堂(신사임당)

千里家山 萬疊峰
천 리 가 산　만 첩 봉
천리 먼 길 고향 산 수없이 이어진 산 봉우리

歸心長在 夢魂中
귀 심 장 재　몽 혼 중
돌아가고픈 마음은 언제나 있어서 꿈속을 헤매네.

寒松亭畔 孤輪月
한 송 정 반　고 윤 월
한송정 호숫가에는 둥근달 외로이 떠 있고

鏡浦臺前 一陳風
경 포 대 전　일 진 풍
경포대 앞에는 한바탕 바람이 이는구나.

沙上白鷺 恒聚散
사 상 백 로　항 취 산
모래 위 백로는 언제나 모였다 흩어지고

波頭漁艇 各西東
파 두 어 정　각 서 동
파도 너머 고깃배 동서를 오가네.

何時重踏 臨瀛路
하 시 중 답　임 영 로
언제쯤 다시 강릉 가는 길을 나서서

綵服斑衣 膝下縫
채 복 반 의　슬 하 봉
비단 색동옷 입고 부모님 곁에서 바느질할꼬.

13 꿈길 밖에 만날 길이 없어

원제: 夢魂(몽혼), 李玉峰(이옥봉)

近來安否 問如何
근 래 안 부 문 여 하
요즘 안부를 묻습니다. 어떻게 지내시는지요

月到沙窓 妾恨多
월 도 사 창 첩 한 다
달이 창가에 머물면 저의 한은 깊어갑니다.

若使夢魂 行有跡
약 사 몽 혼 행 유 적
만일 꿈 속에서 내 혼이 걷고 걸었던 걸음이 자취를
남긴다면

門前石路 半成沙
문 전 석 로 반 성 사
문 앞 돌길은 반쯤이나 모래가 되었을 겁니다.

14 무제(無題), 金炳淵(김병연)

天長去無執 花老蝶不來
천 장 거 무 집 　 화 로 접 부 래

하늘은 길어 가도 잡을 수 없고 꽃이 늙으니 나비도 오지 않네.

菊秀寒沙發 枝影半從地
국 수 한 사 발 　 지 영 반 종 지

국화는 찬 모래에 곱게 피었고 나뭇가지 그림자 반쯤 드리웠는데,

江亭貧士過 大醉伏松下
강 정 빈 사 과 　 대 취 복 송 아

강가의 정자를 가난한 선비가 지나다 크게 술에 취해 소나무 아래 엎어졌구나.

月移山影改 通市求利來
월 이 산 영 개 　 통 시 구 리 래

달이 떠오르니 산 그림자 바뀌며 시장통에서 이익 얻은 이들 집에 돌아오네.

---

*이 작품은 김삿갓이 방랑 도중 한 집에 묵기를 청하자 주인은 난감해 하다가 방에 들였으나 천장에 거미집이 어지러운 골방에다 요기로 차려온 것이 국수 한 사발에 간장 반 종지가 전부. 요기를 마친 뒤 창으로 흘러드는 달빛을 보다가 방앞 변소에서 나는 구린내를 참아가며 잠을 청했으나 그날 밤 잠을 설치고 말았다는 일화가 있다.
*이 작품은 독음만으로도 뜻풀이가 된다. "천장엔 거미집, 화로에선 젓불 내음/ 국수 한 사발에 간장 반 종지/ 강정과 빈 사과, 대추와 복숭아/ 워리 사냥개, 통시(변소)에선 구린내."

11장

혼동하기 쉬운 한자어

1 틀리기 쉬운 한자어 표기

단어	○	×	단어	○	×
가정부	家政婦	家庭婦	각기	各其	各己
강의	講義	講議	경품	景品	競品
골자	骨子	骨字	교사	校舍	敎舍
기적	奇蹟	奇跡	납부금	納付金	納附金
녹음기	錄音器	錄音機	농기구	農器具	農機具
매매	賣買	買賣	목사	牧師	牧士
반경	半徑	半經	변명	辨明	辯明
변증법	辨證法	辯證法	보도	報道	報導

부녀자	婦女子	婦女者	부록	附錄	付錄
사법부	司法府	司法部	상여금	賞與金	償與金
서재	書齋	書齊	서전	緒戰	序戰
선회	旋回	旋廻	숙직	宿直	宿職
십계명	十誡命	十戒命	어시장	魚市場	漁市場
여부	與否	如否	역전승	逆轉勝	逆戰勝
왜소	矮小	倭小	이사	移徙	移徒
일률적	一律的	一率的	입찰	入札	立札
재판	裁判	栽判	절기	節氣	節期
정찰제	正札制	定札制	중개인	仲介人	中介人
추세	趨勢	推勢	침투	浸透	侵透
퇴폐	頹廢	退廢	할부	割賦	割附
호칭	呼稱	號稱	활발	活潑	活發
대기발령	待機發令	待期發令	세속오계	世俗五戒	世俗五誡
일확천금	一攫千金	一穫千金			

2 한자어의 틀리기 쉬운 한글 표기

단어	○	×	단어	○	×
佳句	가구	가귀	苛斂	가렴	가검
家什	가집	가십	恪別	각별	격별

角逐	각축	각추	艱難	간난	근난
姦慝	간특	간약	看做	간주	간고
間歇	간헐	간흠	減殺	감쇄	감살
甘蔗	감자	감저	腔血	강혈	공혈
改悛	개전	개준	槪括	개괄	개활
喀血	각혈	객혈	坑道	갱도	항도
坑木	갱목	항목	更生	경생	경생
釀出	걍출	거출	車馬	거마	차마
揭示	게시	계시	譴責	견책	유책
更張	경장	갱장	更迭	경질	갱질
驚蟄	경칩	경첩	孤陋	고루	고병
膏肓	고황	고맹	汨沒	골몰	일몰
刮目	괄목	활목	乖離	괴리	승리
交驩	교환	교관	攪亂	교란	각란
敎唆	교사	교준	句讀	구두	구독
句節	구절	귀절	拘礙	구애	구득
救恤	구휼	구혈	詭辯	궤변	위변
龜鑑	귀감	구감	龜裂	균열	구열
琴瑟	금실	금슬	旗幟	기치	기식
喫燃	끽연	계연	懦弱	나약	유약

懶怠	나태	뢰태	拿捕	나포	장포
烙印	낙인	각인	捺印	날인	나인
拉致	납치	입치	狼藉	낭자	낭적
內人	나인	내인	鹿茸	녹용	녹이
鹿皮	녹비	녹피	壟斷	농단	용단
賂物	뇌물	각물	陋名	누명	병명
漏泄	누설	누세	訥言	눌언	납언
凜凜	늠름	품품	茶店	다점	차점
團欒	단란	단락	簞食	단사	단식
曇天	담천	운천	遝至	답지	환지
撞着	동착	동착	對峙	대치	대지
宅內	댁내	택내	跳躍	도약	조약
陶冶	도야	도치	瀆職	독직	속직
獨擅	독천	독단	冬眠	동면	동안
遁走	둔주	돈주	滿腔	만강	만공
罵倒	매도	마도	魅力	매력	귀력
邁進	매진	만진	盟誓	맹세	맹서
萌芽	맹아	명아	明晳	명석	명철
明澄	명징	명증	牡丹	모란	목단
牡牛	모우	두우	木瓜	모과	목과

木鐸	목탁	목택	夢寐	몽매	몽칭
杳然	묘연	향연	拇印	무인	모인
毋論	무론	모론	無聊	무료	무류
未洽	미흡	미합	撲滅	박멸	복멸
撲殺	박살	복살	剝奪	박탈	약탈
反駁	반박	반교	反田	번전	반전
反哺	반포	분포	拔萃	발췌	발취
拔擢	발탁	발요	潑剌	발랄	발자
幫助	방조	봉조	拜謁	배알	배갈
範疇	범주	범수	兵站	병참	병점
菩提	보리	보제	報酬	보수	보주
補塡	보전	보진	敷衍	부연	부행
復活	부활	복활	分泌	분비	분필
分錢	푼전	분전	不朽	불후	불구
沸騰	비등	불등	否塞	비색	부색
頻數	빈삭	빈수	憑藉	빙자	빙적
使嗾	사주	시주	奢侈	사치	사다
娑婆	사바	사파	社稷	사직	사목
索莫	삭막	색막	索然	삭연	색연
撒布	살포	산포	三昧	삼매	삼미

上梓	상재	상자	相殺	상쇄	상살
省略	생략	성약	棲息	서식	처식
逝去	서거	절거	先塋	선영	선형
閃光	섬광	염광	星宿	성수	성숙
洗滌	세척	세조	蕭條	소조	숙조
遡及	소급	삭급	騷擾	소요	소우
贖罪	속죄	독죄	殺到	쇄도	살도
衰頹	쇠퇴	쇠번	戍樓	수루	술루
睡眠	수면	수민	酬酌	수작	주작
數爻	수효	수차	示唆	시사	시준
諡號	시호	익호	呻吟	신음	신금
辛辣	신랄	신극	迅速	신속	빈속
十月	시월	십월	斡旋	알선	간선
謁見	알현	알견	軋轢	알력	알륵
暗礁	암초	암촉	隘路	애로	익로
冶金	야금	치금	惹起	야기	약기
掠奪	약탈	경탈	濾過	여과	로과
役割	역할	역활	軟弱	연약	나약
厭惡	염오	염악	永劫	영겁	영각
囹圄	영어	영오	領袖	영수	영유

嗚咽	오열	오인	惡寒	오한	악한
誤謬	오류	오륙	渦中	와중	과중
歪曲	왜곡	부곡	外艱	외간	외난
樂水	요수	낙수	窯業	요업	질업
要塞	요새	요색	邀擊	요격	격격
容喙	용훼	용탁	遊說	유세	유설
六月	유월	육월	吟味	음미	금미
泣涕	읍체	읍제	凝結	응결	의결
議論	의논	의론	義捐	의연	의손
以降	이강	이항	已往	이왕	기왕
弛緩	이완	지환	移徙	이사	이도
罹炳	이병	나병	罹患	이환	나환
溺死	익사	약사	一括	일괄	일활
一擲	일척	일정	剩餘	잉여	승여
自矜	자긍	자금	自炊	자취	자흠
綽綽	작작	탁탁	箴言	잠언	함언
沮止	저지	조지	傳播	전파	전번
正鵠	정곡	정호	靜謐	정밀	정일
凋落	조락	소락	措置	조치	차치
造詣	조예	조지	佐飯	자반	좌반

躊躇	주저	수저	浚渫	준설	준첩
櫛比	즐비	절비	憎惡	증오	증악
眞摯	진지	진집	桎梏	질곡	질고
叱責	질책	칠책	嫉妬	질투	질척
斟酌	짐작	심작	什物	집물	십물
執拗	집요	집유	茶禮	차례	다례
蹉跌	차질	차실	參差	참치	참차
慙愧	참괴	참귀	懺悔	참회	섬회
斬新	참신	점신	暢達	창달	양달
漲溢	창일	장익	闡明	천명	단명
鐵槌	철퇴	철추	尖端	첨단	열단
帖文	체문	첩문	貼付	첩부	첨부
諦念	체념	제념	忖度	촌탁	촌도
寵愛	총애	용애	撮影	촬영	찰영
翠松	취송	비송	推敲	퇴고	추고
秋毫	추호	추모	追悼	추도	추탁
醜態	추태	귀태	衷心	충심	애심
熾烈	치열	직열	沈沒	침몰	심몰
鍼術	침술	함술	蟄居	칩거	집거
快晴	쾌청	쾌정	度支	탁지	도지

拓本	탁본	척본	綻露	탄로	정로
彈劾	탄핵	탄효	眈溺	탐닉	탐익
慟哭	통곡	동곡	洞察	통찰	동찰
堆積	퇴적	추적	偸安	투안	유안
闖入	틈입	마입	派遣	파견	파유
破壞	파괴	파회	破綻	파탄	파정
跛立	피립	파립	跛行	파행	피행
敗北	패배	패북	稗官	패관	피관
霸權	패권	파권	膨脹	팽창	팽장
平坦	평탄	평단	閉塞	폐색	폐한
布施	보시	포시	捕捉	포착	포촉
暴惡	포악	폭악	褒賞	포상	보상
曝白	포백	폭백	輻輳	폭주	복주
標識	표지	표식	漂渺	표묘	표사
割引	할인	활인	陜川	합천	협천
肛門	항문	홍문	行列	항렬	행렬
降伏	항복	강복	降將	항장	강장
偕老	해로	개로	楷書	해서	개서
解弛	해이	해야	諧謔	해학	개학
享樂	향락	형락	絢爛	현란	순란

孑遺	혈유	자유	嫌惡	혐오	겸악
脅迫	협박	협백	荊棘	형극	형자
好惡	호오	호악	忽然	홀연	총연
花瓣	화판	화변	花卉	화훼	화에
恍惚	황홀	광홀	橫暴	횡포	횡폭
嚆矢	효시	고시	嗅覺	후각	취각
麾下	휘하	마하	求恤	구휼	구혈
恰似	흡사	합사	洽足	흡족	합족
詰難	힐난	길난			

3 혼동하기 쉬운 한자어

강수량(降水量): 비나 눈·우박 등으로 지상에 내린 물의 총량.

강우량(降雨量): 일정한 시간 동안 일정한 곳에 내린 비의 양.

갱신(更新): 계약의 존속 중 현존 계약의 유효 기간이 지나더라도 존속되도록 하기 위해 새로운 계약을 체결함. 다시 새롭게 만듦.

예) 주민증 갱신

경신(更新): (추상적인 사실의) 먼저 것을 고치어 새롭게 함.

예) 100m 달리기 기록 경신

결재(決裁): 아랫사람이 올린 안건을 상관이 헤아려 승인함.

예) 결재를 올리다.

결제(決濟): 결정하여 끝냄. 증권이나 대금의 수불에 의하여 대차를 청산하는 일.

예) 대금 결제는 사전에 반드시 기획 실장의 결재를 받으시오.

계발(啓發): 슬기와 재능 등을 깨우쳐 열어 줌. 일깨움.

예) 상상력 계발

개발(開發): ① 개척하여 발전시킴.

예) 수자원 개발

② 물적·인적 자원에 작용하여 그 경제적 가치를 높여 산업을 일으킴.

예) 기술 개발

③ 제품, 장치를 창조하여 실용화함.

예) 신제품 개발

괴멸(壞滅): 파괴되어 멸망함.

예) 아군의 총공세에 적은 괴멸되었다.

궤멸(潰滅): 조직이나 기구 등이 무너져서 완전히 없어짐.

예) 지진으로 도시 전체가 궤멸 직전이다.

구별(區別): 종류에 따라 갈라놓거나 차별을 둠.

예) 쓸 것과 못 쓸 것을 구별하다.

구분(區分): 따로따로 갈라서 나눔.

예) 주방과 식당이 구분되어 있다.

금슬(琴瑟): 거문고와 비파.

금실(琴瑟): 부부 사이의 화목한 즐거움.

　　　　예) 금실지락

막역(莫逆)하다: 허물없이 매우 친하게 지내다. 절친하다.

　　　　예) 막역한 친구가 이민을 갔다.

막연(漠然)하다: ① 아득하다.

　　　　예) 앞으로 살아갈 길이 막연하다.

　　　　② 똑똑하지 못하고 어렴풋하다.

　　　　예) 나는 막연하나마 임를 이해할 것 같았다.

반증(反證): 사실과는 반대되는 증거.

　　　　예) 우리에겐 그 사실을 뒤집을 만한 반증이 없다.

방증(傍證): 증거가 될 방계의 자료. 간접적인 증거.

　　　　예) 방증 자료

방적(紡績): 동식물의 섬유를 가공하여 실을 만드는 섬유 공업.

　　　　예) 방적 공장

방직(紡織): 실로 피륙을 짜는 일, 옷감을 짜는 일.

변조(變造): ① 이미 만들어진 것을 손질하여 다시 만듦.

　　　　② 유가 증권 따위의 내용을 다르게 고침.

위조(僞造): 물건이나 문서 따위의 가짜를 만듦.

　　　　예) 화폐 위조범

보전(保全): 온전하도록 보호함.

　　　　　예) 생태계 보전.

보존(保存): 잘 건사하여 잃지 아니하도록 함. 원상을 잘 유지함.

　　　　　예) 유물 보존 / 영토 보존 / 종족 보존 / 공문서 보존 기간

사서(史書): 역사적 사실을 기록한 책.

사서(四書): 논어, 맹자, 대학, 중용.

사서(辭書): 사전.

사서(司書): 서적을 맡아보는 직분.

사실(事實): 실제로 존재하는 일.

사실(史實): 역사에 실지로 있는 일.

사의(謝意): 고마운 뜻.

사의(謝儀): 감사의 뜻으로 보내는 물품.

사의(辭意): 사임하려는 뜻.

사전(事典): 여러 가지 상황을 모아 그 하나 하나에 해설을 붙인 책(백과사전).

사전(辭典): 언어를 모아서 일정한 순서로 나열하고 발음, 의미, 용법, 어원 등을 해
　　　　　설한 책.

시기(時期): 정해진 때(씨앗을 뿌릴 시기이다).

시기(時機): 적당한 기회(중요한 시기이다).

약국(藥局): 약사가 양약을 조제 판매하는 곳(drugstore).

약방(藥房): 양약을 팔기만 하는 가게(pharmacy).

연습(練習): 되풀이하여 익힘 .

연습(演習): 실제 상황으로 가정하고 해보는 일(=練習).

우선(于先): 시간적으로 무엇보다 먼저. 부사(first of all).

우선(優先): 차례에서 다른 것보다 앞섬. 명사(preference).

유학(留學): 외국에 머물면서 공부함.

유학(遊學): 타향에 가서 공부함.

이동(移動): 물체가 옮기어 움직이다.

이동(異動): 직책이나 부서가 달리 바뀌는 것.

일체(一切): 명. 온갖 사물, 모든 것. 관. 통틀어, 모두(긍정적 의미).
　　　　　　예) 내 것을 일체 가지시오.

일절(一切): 부. 아주, 도무지. 사물을 부인하거나 금지할 때 쓴다.
　　　　　　예) 작업 중에는 면회를 일절 금합니다.

장렬(壯烈): 씩씩하고 열렬함(heroic).

작렬(炸裂): 폭발물이 터져서 산산히 흩어짐(explosion).

작열(灼熱): 불에 새빨갛게 닮, 몹시 더움을 형용함(red heat).

전세(專貰): 주로 동산을 일정한 돈을 주고 일정기간 그사람에게만 빌려줌(rent), 전세버스.

전세(傳貰): 주로 부동산을 일정한 돈을 맡기도 일정기간 빌려줌(lease), 전세집.

전장(戰場): 전쟁이 일어난 곳. 싸움터.

　　　　　예) 전장으로 떠나야 된다.

전쟁(戰爭): ① 국가와 국가, 또는 교전(交戰) 단체 사이에 무력을 사용하여 싸움.

　　　　　예) 전쟁이 발발하다.

　　　　　② 극심한 경쟁이나 혼란을 비유적으로 이르는 말.

　　　　　예) 입시 전쟁

주력(主力): 구성 체의 주된 힘.

주력(注力): 힘을 쏟음.

주요(主要): 여럿 중에서 대표적인 것.

　　　　　예) 올해의 주요 사건

중요(重要): 없어서는 안될 정도로 귀중함.

　　　　　예) 중요 과제

지향(指向): 목표로 정한 방향.

지향(志向): 뜻이 쏠리는 방향.

지양(止揚): 두 개의 모순된 개념이 서로 관련하여 한층 높은 단계에서 조화, 통일시키고자하는 작용.

충실(充實): 속이 차서 여물고 단단함.

충실(忠實): 맡은 일을 열심히 하고 정성스러움(忠心, 衷情).

특색(特色): 보통 것과 다른 점.

　　　　예) 특색을 갖추다.

특징(特徵): 다른 것과 비교해 특별히 눈에 띄는 점.

　　　　예) 특징을 찾다.

편재(偏在): 어느 것에 한하여 치우쳐 있음(부의 편재).

편재(遍在): 널리 퍼져 있음(전국에 편재한 소나무).

폐해(弊害): 폐단과 손해. 폐가 되는 나쁜 일.

　　　　예) 오랜 폐해였던 당벌과 서원을 깨뜨려 버렸다.

피해(被害): 손해를 입음.

　　　　예) 피해를 당하다.

포격(砲擊): 포를 쏘아 공격함.

　　　　예) 마을에는 아군의 포격으로 시체가 즐비했다.

폭격(爆擊): 군용 비행기가 폭탄 등을 떨어뜨려 적의 전력이나 국토를 파괴함.

　　　　예) 아군기의 폭격을 맞아 적선이 침몰했다.

표시(表示): 겉으로 나타내어 보임(inducate, express).

표시(標示): 목표물에 표를 하여 나타냄(mark).

표시(表記): 문자나 부호를 써서 말을 기록하는 일. 생각(말)을 문자로써 나타내는 형식.

표시(標記): 어떤 표로 기록함, 또는 그 기록이나 부호.

표지(標識): 다른 것과 구별하여 알게 하는 데 필요한 표시나 특징.

학과(學科): 학술의 분과.

학과(學課): 학문의 과정.

학원(學院): 학교, 학교 설치 기준에 미달한 사설 교육기관.

학원(學園): 교육기관의 총칭.

행사(行使): 부려서 쓰는 행동(권리행사).

행사(行事): 계획에 따라서 일을 진행함(학교행사).

혼동(混同): 뒤섞음, 뒤섞어 보거나 잘못 판단됨(mixture).

　　　　예) 그는 현실과 꿈 사이에서 혼동을 일으켰다.

혼돈(混沌): 사물의 구별이 확실하지 않은 상태(chaos).

　　　　예) 외래문화의 무분별한 수입은 가치관의 혼돈을 초래하였다.

혼란(混亂): 뒤섞여 뒤숭숭함(confusion).

12장

체육 분야 필수단어

1

體育(체육)	原理(원리)	實技(실기)
生活(생활)	訓鍊(훈련)	運動(운동)
健康(건강)	克己(극기)	跆拳道(태권도)
忍耐(인내)	武道(무도)	對鍊(대련)
誠實(성실)	計劃(계획)	競技力(경기력)
筋力(근력)	骨格(골격)	精神力(정신력)
人格(인격)	身體(신체)	動作(동작)
損傷(손상)	負傷(부상)	自尊感(자존감)
回復(회복)	變形(변형)	障礙(장애)

教育(교육)　　人性(인성)　　努力(노력)

育成(육성)　　適應(적응)　　疏通(소통)

指導(지도)　　反復(반복)　　決心(결심)

紀念(기념)　　專門性(전문성)　　出征式(출정식)

出戰(출전)　　試合(시합)　　計體量(계체량)

目標(목표)　　變化(변화)　　方向(방향)

感覺(감각)　　五感(오감)　　感受性(감수성)

分析(분석)　　模型(모형)　　實習(실습)

學習(학습)　　段階(단계)　　特殊性(특수성)

2

學問(학문)　　敎養(교양)　　文解力(문해력)

評價(평가)　　基準(기준)　　挑戰(도전)

勝利(승리)　　發達(발달)　　集中力(집중력)

診斷(진단)　　適用(적용)　　概念(개념)

舞踊(무용)　　管理(관리)　　一般化(일반화)

學校(학교)　　靑少年(청소년)　　信賴(신뢰)

原則(원칙)　　成功(성공)　　兒童(아동)

練習(연습)　　鍛鍊(단련)　　氣合(기합)

擊破(격파) 禮儀(예의) 師範(사범)

弟子(제자) 說得力(설득력) 論理(논리)

柔軟性(유연성) 彈力(탄력) 持久力(지구력)

恒數(항수) 變數(변수) 指數(지수)

統計(통계) 測定(측정) 生理學(생리학)

解剖學(해부학) 歷史(역사) 哲學(철학)

藝術(예술) 品格(품격)

3

姓名(성명) 性別(성별) 鑑識眼(감식안)

作戰(작전) 戰略(전략) 構想(구상)

日程(일정) 發達(발달) 轉地訓鍊(전지훈련)

構造(구조) 柔道(유도) 人命救助(인명구조)

體操(체조) 水泳(수영) 排球(배구)

籠球(농구) 蹴球(축구) 野球(야구)

力道(역도) 陸上(육상) 投擲(투척)

漕艇(조정) 球技(구기) 種目(종목)

應援(응원) 聲援(성원) 國民(국민)

奉仕(봉사) 創造(창조) 正正堂堂(정정당당)

凱旋(개선)　　　類推(유추)　　　抽象化(추상화)

文字(문자)　　　飜譯(번역)　　　學位論文(학위논문)

卒業(졸업)　　　法則(법칙)　　　成就感(성취감)

喜悅(희열)　　　關聯(관련)　　　發表(발표)

活動(활동)　　　支援(지원)　　　人間關係(인간관계)

方針(방침)　　　疑問(의문)　　　質問(질문)

對答(대답)　　　辨明(변명)　　　大韓民國(대한민국)

4

學生(학생)　　　教授(교수)　　　助教(조교)

教職員(교직원)　　行政(행정)　　　本部(본부)

總長(총장)　　　學長(학장)　　　授業(수업)

講義(강의)　　　課題(과제)　　　提出(제출)

成績(성적)　　　學點(학점)　　　履修(이수)

專攻(전공)　　　入學(입학)　　　放學(방학)

圖書館(도서관)　　貸出(대출)　　　返還(반환)

案內(안내)　　　口號(구호)　　　公知事項(공지사항)

教訓(교훈)　　　感情(감정)　　　揭示板(게시판)

現實(현실)　　　理想(이상)　　　社會(사회)

結婚(결혼)　　國際的(국제적)　　讀書(독서)

文化(문화)　　享有(향유)　　向上(향상)

智慧(지혜)　　外國語(외국어)　　表現(표현)

創作(창작)　　企劃(기획)　　神話(신화)

英雄(영웅)　　名譽(명예)　　自己(자기)

啓發(계발)　　開發(개발)　　發展(발전)

射擊(사격)　　洋弓(양궁)　　投槍(투창)

氷上(빙상)　　冬季(동계)　　夏季(하계)

季節(계절)　　推移(추이)　　現場(현장)

輩出(배출)　　國家(국가)　　民族(민족)

個人(개인)　　家族(가족)　　同僚(동료)

寄宿舍(기숙사)　　食堂(식당)　　椅子(의자)

冊床(책상)　　工夫(공부)　　筆記(필기)

記錄(기록)　　記憶(기억)　　日誌(일지)

日記(일기)　　資料(자료)　　調査(조사)

探索(탐색)　　研究(연구)　　休憩室(휴게실)

休息(휴식)　　宿題(숙제)　　豫習(예습)

復習(복습)　　韓國體育大學校(한국체육대학교)

한자문화와 선인들의 지혜

대학한문

부록

한자문화와
선인들의 지혜

생활 속 한자문화(1): 친족 계보도

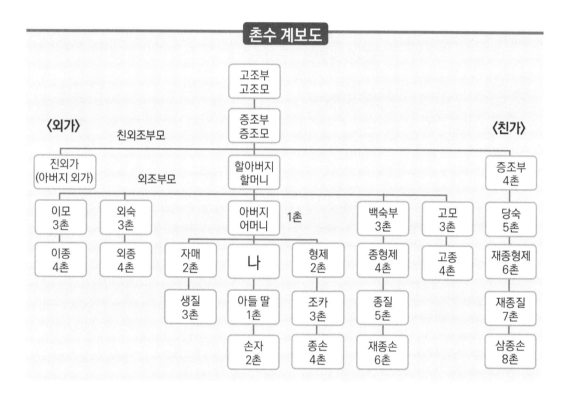

남편이 알아야 할 호칭		
관계상황	호칭어	지칭어
장인	아버님 장인어른	장인어른 아버님 외할아버지(자녀)
장모	어머님 장모님	장모님 외할머니(자녀)
아내	여보, 당신 ~엄마	어미, 집사람 처, 아내 ~엄마
아내의 오빠, 남동생	형님 처남	처남, 외삼촌이나 외숙부(자녀)
아내의 언니	처형	처형, 이모(자녀)
아내 동생의 아내	처남댁	처남댁, 외숙모(자녀)
아내 언니의 남편	형님 동서	형님, 동서, 이모부(자녀)
아내 여동생의 남편	동서 ~서방	동서, 이모부(자녀)
아내의 여동생	처제	처제, 이모(자녀)

아내가 알아야 할 호칭		
관계상황	호칭어	지칭어
시아버지	아버님	시아버님 할아버지(자녀)
시어머님	어머님	시어머님 할머니(자녀)
남편	여보, 당신	아범, 애비, 그 사람, 그이, 애아빠, 바깥양반, 남편
남편의 형	아주버님	시아주버님, 큰아버지
남편의 동생	도련님, 서방님	도련님, 서방님 삼촌(미혼) 작은 아버지(자녀)
남편의 형의 아내	형님	형님
남편 누나	형님	형님, 고모(자녀)
남편 누나 남편	서방님	서방님, 고모부(자녀)
남편동생의 아내	동서	동서, 작은 어머님(자녀)

생활 속 한자문화(2): 24절기와 풍속

1) 입춘(立春): 양력 2월 4일경, 음력 1월, 태양의 황경이 315°이며, 봄이 시작되는 날이다. 가정에서는 콩을 문이나 마루에 뿌려 악귀를 쫓고, 대문 기둥·대들보·천장 등에 입춘대길(立春大吉)과 같은 글귀를 써 붙인다. 마을에서는 공동으로 입춘 굿을 크게 하고 농사의 기초인 보리뿌리를 뽑아 풍흉을 점쳤다.

2) 우수(雨水): 양력 2월 19일경, 음력 1월 중, 태양의 황경이 330°이며, 눈이 비로 변하고 얼음이 녹아 물이 된다는 뜻이다. 이때 대동강 물이 풀리고 물고기가 올라오며, 기러기는 다시 추운 지방을 찾아 떠난다.

3) 경칩(驚蟄): 양력 3월 6일경, 음력 2월, 태양의 황경이 345°이며, 겨울잠을 자던 동물들이 깨어나기 시작한다. 이때 보리싹의 성장을 보고 그해 농사의 풍흉을 가늠했으며, 개구리나 도롱뇽 알을 먹으면 건강에 좋다 하여 먹는 풍습이 있다. 또한 1년 동안의 빈대를 모두 잡기 위해 흙담을 쌓거나, 물에 재를 타서 그릇에 담아 두기도 했다.

4) 춘분(春分): 양력 3월 21일경, 음력 2월, 태양의 황경이 0°이며, 태양이 적도를 똑바로 비추고 있어서 낮과 밤의 시간이 같아진다. 농촌지역에서는 흙을 일구고 씨 뿌릴 준비를 한다. 그러나 '2월 바람에 김칫독 깨진다'는 속담이 있듯이 바람이 강해 흔히 꽃샘추위가 찾아온다.

5) 청명(淸明): 양력 4월 6일경, 음력 3월, 태양의 황경이 15°이며, 봄이 되어 삼라만상이 맑고 밝으며 화창해 나무를 심기에 적당한 시기이다. 대부분 한식일과 겹친다. 농사를 준비하기 위해 논·밭둑을 손질하기도 하고, 못자리판을 만들기도 한다.

6) 곡우(穀雨): 양력 4월 20일경, 음력 3월, 태양의 황경이 30°이며, 봄비가 내려 여러 가지 작물에 싹이 트고 농사가 시작된다. 나무에 물이 가장 많이 오르는 시기이므로 사람들은 곡우물을 먹으러 깊은 산이나 명산을 찾기도 한다. 수액(樹液)을 받기 위해 나무에 홈을 파고 통을 매달아 놓은 것을 볼 수 있다.

7) 입하(立夏): 양력 5월 5일경, 음력 4월, 태양의 황경이 45°이며, 이때부터 여름이 시작된다. 농작물이 자라기 시작하며, 해충과 잡초가 많아져 농가 일손이 바빠진다.

8) 소만(小滿): 양력 5월 21일경, 음력 4월, 태양의 황경이 60°이며, 햇볕이 충만하고 만물이 자라서 가득 차게 된다는 뜻으로 초여름 모내기가 시작된다.

9) 망종(芒種): 양력 6월 6일경, 음력 4·5월, 태양의 황경이 75°이며, 논보리나 벼 등 까끄라기가 있는 곡식의 씨를 뿌리는 시기이다. 이 시기가 끝날 때까지 밭보리는 베어 햇보리를 먹게 되며, 논에서는 모내기가 한창이므로 농사일이 가장 바쁜 시기이다. 아이들은 보리 이삭줍기와 보리 그스르기에 바쁘다. 밤이슬을 맞은 보리를 먹으면 1년 동안 허리가 아프지 않고, 보릿가루로 죽을 끓여 먹으면 배탈이 없다는 풍습이 있다. 망종이 일찍 들면 보리농사에 좋고 늦게 들면 나쁘다 하여 망종의 시기로 풍흉을 점치기도 했다. 지역에 따라 조금씩 다르나 음력

4월중에 망종이 들면 좋다고도 한다.

10) 하지(夏至): 양력 6월 21일경, 음력 5월, 태양의 황경이 90°이며 12시에 태양이 가장 높게 있어 북반구에서는 낮 시간이 1년 중 가장 길고, 일사량과 일사시간도 가장 많다. 햇감자가 나오고, 이 시기가 지날 때까지 비가 오지 않으면 마을마다 기우제를 올렸다.

11) 소서(小暑): 양력 7월 7일경, 음력 6월, 태양의 황경이 105°이며 차츰 더워진다. 한국은 장마전선이 걸쳐 있어 습도가 높고, 비가 많이 온다. 농사에 쓸 퇴비를 준비하고 논두렁에 잡초를 뽑는다.

12) 대서(大暑): 양력 7월 23일경, 음력 6월, 태양의 황경이 120°이며, 더위가 극도에 달한다. 대부분 중복이 겹치며, 장마전선으로 비가 자주 온다.

13) 입추(立秋): 양력 8월 7일경, 음력 7월, 태양의 황경이 135°이며, 가을이 시작되어 서늘한 바람이 분다. 농촌에서는 다소 한가하며, 김장용 무·배추를 심는다.

14) 처서(處暑): 양력 8월 23일경, 음력 7월 중순, 태양의 황경이 150°이며, 더위가 멈춘다는 뜻으로 논벼가 익는다. 이때 조상의 묘를 찾아가서 벌초하며, 여름 동안에 습기 찼던 옷가지와 이불 등을 햇볕에 말린다. 이 시기가 지나면 아침과 저녁으로 서늘해 일교차가 심해진다.

15) 백로(白露): 양력 9월 8일경, 음력 8월, 태양의 황경이 165°이며, 가을 기분이 들기 시작하는데, 이슬 맺힌 것이 하얗게 보인다는 뜻이다. 장마가 끝나고 쾌청한 날씨가 계속되나, 때로는 늦은 태풍과 해일의 피해를 입기도 한다.

16) 추분(秋分): 양력 9월 23일경, 음력 8월, 태양의 황경이 180°이며, 춘분으로부터 꼭 반 년째 되는 날로 낮과 밤의 길이가 똑같아지며, 추분이 지나면 점차 밤이 길어지므로 계절의 기준이 되기도 한다. 논밭의 곡식을 거두어들이고, 각종 여름 채소들과 산나물 등을 말려두기도 한다.

17) 한로(寒露): 양력 10월 8일경, 음력 9월, 태양의 황경이 195°이며, 찬 이슬이 맺히기 시작하여 농촌에서는 추수로 바쁜 시기이다. 예전에는 이때를 전후해 국화전을 지져 먹고, 국화술을 담갔으며, 수유(茱萸)를 머리에 꽂아 잡귀를 쫓았다.

18) 상강(霜降): 양력 10월 23일경, 음력 9월, 태양의 황경이 210°이며, 쾌청한 날씨가 계속되나, 밤 기온은 서리가 내릴 정도로 매우 낮아져서 춥다. 이맘때쯤이면 추수가 거의 끝나고, 동물들은 일찌감치 겨울잠에 들어간다.

19) 입동(立冬): 양력 11월 7일경, 음력 10월, 태양의 황경이 225°이며, 겨울이 시작되는 날이다. 각 마을에서는 햇곡식으로 시루떡을 만들어 집안 곳곳에 놓으며, 이웃은 물론 농사에 힘쓴 소에게도 나누어주면서 1년을 마무리하는 제사를 올린다. 또한 각 가정에서는 이날을 기준으로 김장준비를 한다.

20) 소설(小雪): 양력 11월 22일경, 음력 10월, 태양의 황경이 240°이며, 땅이 얼기 시작하고 살얼음이 얼며 차차 눈이 내리기 시작한다. 가끔은 햇볕이 따뜻해 소춘(小春)이라고도 하나, 이때가 되면 바람이 몹시 불어 어촌에서는 뱃길을 금했다. 고려 때 손돌(孫乭)이라는 뱃사공이 왕을 모시고 김포와 강화도 사이의 염하(鹽河)라는 강을 건너는데 갑자

기 바람이 불어 풍랑이 심하게 일자 배가 몹시 흔들렸다. 왕은 사공이 배를 일부러 흔든 줄 알고 사공의 목을 베었는데, 이때부터 이곳을 사공의 이름을 따서 손돌목이라 했으며, 매년 이맘때 부는 바람을 손돌바람이라고 하고 김포지역에서는 매년 손돌제를 올린다.

21) 대설(大雪): 양력 12월 7일경, 음력 11월, 태양의 황경이 255°이며, 눈이 많이 내리는 계절이다. 예전부터 이날 눈이 많이 내리면 다음해에는 풍년이 든다고 했다.

22) 동지(冬至): 양력 12월 22일경, 음력 12월, 태양의 황경이 270°이며, 북반구에서는 1년 중 밤이 가장 길고 낮이 가장 짧은 날이다. 추위도 점차 심해지기 시작한다. 이날 팥죽을 쑤어 이웃과 나누어 먹고, 집안 곳곳에 놓아 악귀를 쫓았다. 새 달력을 만들어 걸었으며, 뱀 사(蛇)자가 써진 부적을 벽이나 기둥에 거꾸로 붙여 놓기도 했다. 이날 날씨가 따뜻하면 다음해에 질병이 많고, 눈이 많이 오고 추우면 풍년이 들것을 예상하기도 했다.

23) 소한(小寒): 양력으로는 1월 5일경, 음력 12월, 태양의 황경이 285°이며, 본격적으로 추워진다. "대한이 소한 집에 놀러 갔다가 얼어 죽었다"는 옛 속담처럼 한국에서는 1년 중 가장 추운 기간에 해당한다.

24) 대한(大寒): 양력 1월 20일경, 음력 12월, 태양의 황경이 300°이며, 보통 동지가 지난 한 달 후 또는 소한이 지난 반 달 후에 온다. 겨울의 매듭을 짓는 절후로 추위의 절정기이나, 소한에 얼었던 얼음이 대한에 녹을 정도로 따뜻한 해도 있다. 이날 밤에 콩을 땅이나 마루에 뿌려서 악귀를 쫓아내고 새해를 맞이하는 풍습이 있다.

24절기는 중국의 계절현상을 기준으로 했기 때문에 한국의 기후에 꼭 들어맞지는 않는다. 또한 날짜가 경도에 따라 변하므로 양력은 매년 같지만, 음력은 조금씩 달라지게 된다.

음력의 날짜가 계절과 차이가 많이 날 때는 윤달[閏月]을 넣어 계절과 맞게 조정하는데, 태양력을 사용하는 오늘날에도 농촌에서는 관습적으로 계절의 변화를 확인하는 데 널리 쓰이고 있다.

그밖에도 한식(寒食), 단오(端午), 삼복(三伏), 추석(秋夕) 등이 한국에서 오래전부터 사용해 오던 절기이다.

한식은 음력 4월 5, 6일경, 동지로부터 105일째 되는 날인데, 이날 국가적인 행사로 종묘와 능원(陵園)에 제향을 올리고, 각 가정에서도 성묘를 한다. 한식에 대한 유래는 중국의 풍습 가운데 하나로 매년 이날은 풍우가 심하기 때문에 불을 금하고 찬밥을 먹게 되었다는 설과 진나라의 현인(賢人) 개자추(介子推)가 산에서 타 죽자 이를 애도하는 뜻으로 이날만은 불을 금하고 찬 음식을 먹었다는 2가지 설이 있다.

단오는 음력 5월 5일이며 명절의 하나로 단양(端陽), 중오절(重五節), 천중절(千中節), 수릿날이라고도 한다. 예로부터 풍작을 기원하는 제삿날로 수리취잎을 넣어 만든 절편을 만들어 먹었으며, 여자는 창포물에 머리를 감고 그네뛰기를 하고 남자는 씨름을 하던 풍습이 있다.

삼복은 더위가 시작되는 날로 소서 뒤에 초복(양력 7월 20일경), 대서 뒤에 중복(양력 7월 30일경), 입추 뒤에 말복(양력 8월 9일경)이 온다. 말복이 지나야 더위가 완전히 지났다고 하며, 복날은 더위를 이기는 음식인 삼계탕이나 개고기 등을 먹었다.

추석은 음력 8월 15일이며 중추절(仲秋節) 또는 한가위라고도 한다. 신라의 가배(嘉俳)에서 유래하며, 햅쌀로 송편을 빚어 차례를 올리고 벌초와 성묘를 한다.

千字文

天(하늘 천)	地(땅 지)	玄(검을 현)	黃(누를 황)

하늘은 위에 있어 그 빛이 검고 땅은 아래 있어서 그 빛이 누르다.

宇(집 우)	宙(집 주)	洪(넓을 홍)	荒(거칠 황)

하늘과 땅 사이는 넓고 커서 끝이 없다. 즉, 세상의 넓음을 말한다.

日(날 일)	月(달 월)	盈(찰 영)	昃(기울 측)

해는 서쪽으로 기울고 달도 차면 점차 이지러진다. 즉, 우주의 진리를 말한다.

辰(별 진)	宿(잘 숙)	列(벌일 열)	張(베풀 장)

성좌가 해 달과 같이 하늘에 넓게 벌려져 있음을 말한다.

寒(찰 한)	來(올 래)	暑(더울 서)	往(갈 왕)

찬 것이 오면 더운 것이 가고 더운 것이 오면 찬 것이 간다. 즉, 사철의 바뀜을 말한다.

秋(가을 추)	收(거둘 수)	冬(겨울 동)	藏(감출 장)

가을에 곡식을 거두고 겨울이 오면 그것을 감춰 들인다.

閏(윤달 윤)	餘(남을 여)	成(이룰 성)	歲(해 세)

일 년 이십사절기 나머지 시각을 모아 윤달로 하여 해를 이루었다.

律(가락 률)	呂(음률 려)	調(고를 조)	陽(볕 양)

천지간의 양기를 고르게 하니 즉, 율은 양이요 여는 음이다.

雲(구름 운)	騰(오를 등)	致(이를 치)	雨(비 우)

수증기가 올라가서 구름이 되고 냉기를 만나 비가 된다. 즉, 자연의 기상을 말한다.

露(이슬 로)	結(맺을 결)	爲(할 위)	霜(서리 상)

이슬이 맺어 서리가 되니 밤기운이 풀잎에 물방울처럼 이슬을 이룬다.

金(쇠 금)	生(낳을 생)	麗(고울 려)	水(물 수)

금은 여수에서 나니 여수는 중국의 지명이다.

玉(구슬 옥)	出(날 출)	崑(메 곤)	岡(메 강)

옥은 곤강에서 나니 곤강은 역시 중국의 산 이름이다.

劍(칼 검)	號(이름 호)	巨(클 거)	闕(대궐 궐)

거궐은 칼 이름이고 구야자가 지은 보검이다. 즉, 조나라의 국보다.

珠(구슬 주)	稱(일컬을 칭)	夜(밤 야)	光(빛 광)

구슬의 빛이 밤의 낮 같은 고로 야광이라 칭하였다.

果(과실 과)	珍(보배 진)	李(오얏 리)	柰(능금나무 내)

과실 중에 오얏과 능금나무의 그 진미가 으뜸임을 말한다.

菜(나물 채)	重(무거울 중)	芥(겨자 개)	薑(생강 강)

나물은 겨자와 생강이 중하다.

海(바다 해)	鹹(짤 함)	河(물 하)	淡(묽을 담)

바다 물은 짜고 밀물은 맛도 없고 맑다.

鱗(비늘 린)	潛(잠길 잠)	羽(깃 우)	翔(높이 날 상)

비늘 있는 고기는 물속에 잠기고 날개 있는 새는 공중에 난다.

龍(용 룡)	師(스승 사)	火(불 화)	帝(임금 제)

복희씨는 용으로서 벼슬을 기록하고 신농씨는 불로써 기록하였다.

鳥(새 조)	官(벼슬 관)	人(사람 인)	皇(임금 황)

소호는 새로써 벼슬을 기록하고 황제는 인문을 갖추었으므로 인황이라 하였다.

始(처음 시)	制(지을 제)	文(글월 문)	字(글자 자)

복희의 신하 창힐이라는 사람이 새의 발자취를 보고 글자를 처음 만들었다.

乃(이에 내)	服(옷 복)	衣(옷 의)	裳(치마 상)

이에 의상을 입게 하니 황제가 의관을 지어 등분을 분별하고 위의를 엄숙케 하였다.

推(밀 추)	位(자리 위)	讓(사양할 양)	國(나라 국)

벼슬을 미루고 나라를 사양하니 제요가 제순에게 전위하였다.

| 有(있을 유) | 虞(헤아릴 우) | 陶(질그릇 도) | 唐(당나라 당) |

유우는 제순이요 도당은 제요이다. 즉, 중국 고대 제왕이다.

| 弔(슬퍼할 조) | 民(백성 민) | 伐(칠 벌) | 罪(허물 죄) |

불쌍한 백성은 돕고 죄지은 백성은 벌주었다.

| 周(두루 주) | 發(필 발) | 殷(나라이름 은) | 湯(끓을 탕) |

주발은 무왕의 이름이고 은탕은 왕의 칭호이다.

| 坐(앉을 좌) | 朝(아침 조) | 問(물을 문) | 道(길/말할 도) |

좌조는 천하를 통일하여 왕위에 앉은 것이고 문도는 나라 다스리는 법을 말한다.

| 垂(드리울 수) | 拱(껴안을 공) | 平(평평할 평) | 章(글월 장) |

밝고 평화스럽게 다스리는 길을 겸손히 생각함을 말한다.

| 愛(사랑 애) | 育(기를 육) | 黎(검을 려) | 首(머리 수) |

明君이 천하를 다스림에 衆民을 사랑하고 양육함을 말한다.

| 臣(신하 신) | 伏(엎드릴 복) | 戎(오랑캐 융) | 羌(종족이름 강) |

이상과 같이 나라를 다스리면 그 덕에 융과 강도 항복하고야 만다.

| 遐(멀 하) | 邇(가까울 이) | 壹(한 일) | 體(몸 체) |

멀고 가까운 나라가 전부 그 덕망에 귀순케 하며 일체가 될 수 있다.

| 率(거느릴 솔/비율 률) | 賓(손 빈) | 歸(돌아갈 귀) | 王(임금 왕) |

거느리고 복종하여 왕에게 돌아오니 덕을 입어 복종치 않음이 없음을 말한다.

| 鳴(울 명) | 鳳(봉황새 봉) | 在(있을 재) | 樹(나무 수) |

명군 성현이 나타나면 봉이 운다는 말과 같이 덕망이 미치는 곳마다 봉이 나무 위에서 울 것이다.

| 白(흰 백) | 駒(망아지 구) | 食(밥 식) | 場(마당 장) |

평화스러움을 말한 것이며, 즉, 흰 망아지도 감화되어 사람을 따르며 마당 풀을 뜯어먹게 한다.

| 化(될 화) | 被(입을 피) | 草(풀 초) | 木(나무 목) |

덕화가 사람이나 짐승에게만 미칠 뿐 아니라 초목에까지도 미침을 말한다.

| 賴(힘입을 뢰) | 及(미칠 급) | 萬(일만 만) | 方(모 방) |

만방이 극히 넓으나 어진 덕이 고루 미치게 된다.

| 蓋(덮을 개) | 此(이 차) | 身(몸 신) | 髮(터럭 발) |

이 몸의 털은 대개 사람마다 없는 이가 없다.

| 四(넉 사) | 大(큰 대) | 五(다섯 오) | 常(항상 상) |

네 가지 큰 것과 다섯 가지 떳떳함이 있으니 즉, 사대는 천지 군부요 오상은 인의예지신이다.

| 恭(공손할 공) | 惟(오직 유) | 鞠(국문할 국) | 養(기를 양) |

국양함을 공손히 하라. 이 몸은 부모의 기르신 은혜이기 때문이다.

| 豈(어찌 기) | 敢(감히 감) | 毀(헐 훼) | 傷(상할 상) |

부모께서 낳아 길러 주신 이 몸을 어찌 감히 훼상할 수 있으랴.

| 女(계집 녀) | 慕(사모할 모) | 貞(곧을 정) | 烈(매울 렬) |

여자는 정조를 굳게 지키고 행실을 단정하게 해야 함을 말한다.

| 男(사내 남) | 效(본받을 효) | 才(재주 재) | 良(어질 량) |

남자는 재능을 닦고 어진 것을 본받아야 함을 말한다.

| 知(알 지) | 過(지날/허물 과) | 必(반드시 필) | 改(고칠 개) |

누구나 허물이 있는 것이니 허물을 알면 즉시 고쳐야 한다.

| 得(얻을 득) | 能(능할 능) | 莫(말 막) | 忘(잊을 망) |

사람으로서 알아야 할 것을 배운 후에는 잊지 않도록 노력하여야 한다.

| 罔(없을 망) | 談(말씀 담) | 彼(저 피) | 短(짧을 단) |

자기의 단점을 말 안하는 동시에 남의 잘못을 욕하지 말라.

| 靡(아닐 미) | 恃(믿을 시) | 己(몸 기) | 長(길 장) |

자신의 특기를 믿고 자랑하지 말라. 그럼으로써 더욱 발달한다.

| 信(믿을 신) | 使(하여금 사) | 可(옳을 가) | 覆(뒤집힐 복) |

믿음은 움직일 수 없는 진리이고 또한 남과의 약속은 지켜야 한다.

| 器(그릇 기) | 欲(하고자할 욕) | 難(어려울 난) | 量(헤아릴 량) |

사람의 기량은 깊고 깊어서 헤아리기 어렵다.

| 墨(먹 묵) | 悲(슬플 비) | 絲(실 사) | 染(물들일 염) |

흰 실에 검은 물이 들면 다시 희지 못함을 슬퍼한다. 즉, 사람도 매사를 조심하여야 한다.

| 詩(시 시) | 讚(칭찬할 찬) | 羔(새끼양 고) | 羊(양 양) |

시전 고양편에 문왕의 덕을 입은 남국 대부의 정직함을 칭찬하였으니 사람의 선악을 말한 것이다.

| 景(경치 경) | 行(다닐 행/항렬 항) | 維(벼리 유) | 賢(어질 현) |

행실을 훌륭하게 하고 당당하게 행하면 어진 사람이 된다는 것을 말한다.

| 克(이길 극) | 念(생각 념) | 作(지을 작) | 聖(성인 성) |

성인의 언행을 잘 생각하여 수양을 쌓으면 자연 성인이 됨을 말한다.

| 德(덕 덕) | 建(세울 건) | 名(이름 명) | 立(설 립) |

항상 덕을 가지고 세상일을 행하면 자연 이름도 서게 된다.

| 形(모양 형) | 端(바를 단) | 表(겉 표) | 正(바를 정) |

몸 형상이 단정하고 깨끗하면 마음도 바르며 또 표면에 나타난다.

| 空(빌 공) | 谷(골 곡) | 傳(전할 전) | 聲(소리 성) |

산골짜기에서 크게 소리치면 그대로 전한다. 즉, 악한 일을 당하게 된다.

| 虛(빌 허) | 堂(집 당) | 習(익힐 습) | 聽(들을 청) |

빈방에서 소리를 내면 울려서 다 들린다. 즉, 착한 말을 하면 천리 밖에서도 응한다.

| 禍(재앙 화) | 因(인할 인) | 惡(악할 악/미워할 오) | 積(쌓을 적) |

재앙은 악을 쌓음에 인한 것이므로 재앙을 받는 이는 평일에 악을 쌓았기 때문이다.

| 福(복 복) | 緣(인연 연) | 善(착할 선) | 慶(경사 경) |

복은 착한 일에서 오는 것이니 착한 일을 하면 경사가 온다.

| 尺(자 척) | 璧(구슬 벽) | 非(아닐 비) | 寶(보배 보) |

한 자 되는 구슬이라고 해서 결코 보배라고는 할 수 없다.

| 寸(마디 촌) | 陰(그늘 음) | 是(옳을/이 시) | 競(다툴 경) |

한 자 되는 구슬보다도 잠깐의 시간이 더욱 귀중하니 시간을 아껴야 한다.

| 資(자료 자) | 父(아비 부) | 事(일/섬길 사) | 君(임금 군) |

아비를 자료로 하여 임금을 섬길지니 아비 섬기는 효도로 임금을 섬겨야 한다.

| 曰(가로 왈) | 嚴(엄할 엄) | 與(더불 여) | 敬(공경할 경) |

임금을 대하는 데는 엄숙함과 공경함이 있어야 한다.

| 孝(효도 효) | 當(마땅할 당) | 竭(다할 갈) | 力(힘 력) |

부모를 섬길 때에는 마땅히 힘을 다하여야 한다.

| 忠(충성 충) | 則(곧 즉/법 칙) | 盡(다할 진) | 命(목숨 명) |

충성함에는 곧 목숨을 다하니 임금을 섬기는 데 몸을 사양해서는 안 된다.

| 臨(임할 림) | 深(깊을 심) | 履(밟을 리) | 薄(얇을 박) |

깊은 곳에 임하듯 하며 얇은 데를 밟듯이 세심 주의하여야 한다.

| 夙(일찍 숙) | 興(흥할 흥) | 溫(따뜻할 온) | 凊(서늘할 정) |

일찍 일어나서 추우면 덥게, 더우면 서늘케 하는 것이 부모 섬기는 절차이다.

| 似(같을 사) | 蘭(난초 란) | 斯(이 사) | 馨(향기 형) |

난초같이 꽃다우니 군자의 지조를 비유한 것이다.

| 如(같을 여) | 松(소나무 송) | 之(갈 지) | 盛(성할 성) |

솔 나무같이 푸르러 성함은 군자의 절개를 말한 것이다.

| 川(내 천) | 流(흐를 류) | 不(아니 불) | 息(쉴 식) |

내가 흘러 쉬지 아니하니 군자의 행지를 말한 것이다.

| 淵(못 연) | 澄(맑을 징) | 取(취할 취) | 暎(비칠 영) |

못이 맑아서 비치니 즉, 군자의 마음을 말한 것이다.

| 容(얼굴 용) | 止(그칠 지) | 若(같을 약) | 思(생각 사) |

행동을 덤비지 말고 형용과 행지를 조용히 생각하는 침착한 태도를 가져라.

| 言(말씀 언) | 辭(말씀 사) | 安(편안 안) | 定(정할 정) |

태도만 침착할 뿐 아니라 말도 안정케 하며 쓸데없는 말을 삼가라.

| 篤(도타울 독) | 初(처음 초) | 誠(정성 성) | 美(아름다울 미) |

무엇이든지 처음에 성실하고 신중히 하여야 한다.

慎(삼갈 신)　　　　　終(마지막 종)　　　　宜(마땅 의)　　　　令(하여금 령)

처음뿐만 아니라 끝맺음도 좋아야 한다.

榮(영화 영)　　　　　業(업 업)　　　　　所(바 소)　　　　　基(터 기)

이상과 같이 잘 지키면 번성하는 기본이 된다.

籍(호적 적)　　　　　甚(심할 심)　　　　無(없을 무)　　　　竟(마침내 경)

뿐만 아니라 자신의 명예스러운 이름이 길이 전하여질 것이다.

學(배울 학)　　　　　優(넉넉할 우)　　　　登(오를 등)　　　　仕(벼슬 사)

배운 것이 넉넉하면 벼슬에 오를 수 있다.

攝(잡을 섭)　　　　　職(벼슬 직)　　　　從(좇을 종)　　　　政(정사 정)

벼슬을 잡아 정사를 좇으니 국가 정사에 종사하니라.

存(있을 존)　　　　　以(써 이)　　　　　甘(달 감)　　　　　棠(해당화 당)

주나라 소공이 남국의 아가위나무 아래에서 백성을 교화하였다.

去(갈 거)　　　　　　而(어조사 이)　　　益(더할 익)　　　　詠(읊을 영)

소공이 죽은 후 남국의 백성이 그의 덕을 추모하여 감당시를 읊었다.

樂(풍류 악/즐길 락　　殊(다를 수)　　　　貴(귀할 귀)　　　　賤(천할 천)
　/좋아할 요)

풍류는 귀천이 다르니 천자는 팔일 제후는 육일 사대부는 사일 선일은 이일이다.

禮(예도 례)　　　　　別(다를 별)　　　　尊(높을 존)　　　　卑(낮을 비)

예도에 존비의 분별이 있으니 군신, 부자, 부부, 장유, 붕우의 차별이 있다.

上(위 상)　　　　　　和(화할 화)　　　　下(아래 하)　　　　睦(화목할 목)

위에서 사랑하고 아래에서 공경함으로써 화목이 된다.

夫(지아비 부)　　　　唱(부를 창)　　　　婦(며느리 부)　　　隨(따를 수)

지아비가 부르면 지어미가 따른다. 즉, 원만한 가정을 말한다.

外(밖 외)　　　　　　受(받을 수)　　　　傅(스승 부)　　　　訓(가르칠 훈)

팔세면 바깥 스승의 가르침을 받아야 한다.

| 入(들 입) | 奉(받들 봉) | 母(어미 모) | 儀(거동 의) |

집에 들어서는 어머니를 받들어 종사하라.

| 諸(모두 제) | 姑(시어미 고) | 伯(맏 백) | 叔(아재비 숙) |

고모, 백부, 숙부 등 집안 내의 친척 등을 말한다.

| 猶(같을 유) | 子(아들 자) | 比(견줄 비) | 兒(아이 아) |

조카들도 자기의 아들과 같이 취급하여야 한다.

| 孔(구멍 공) | 懷(품을 회) | 兄(맏 형) | 弟(아우 제) |

형제는 서로 사랑하여 의좋게 지내야 한다.

| 同(한가지 동) | 氣(기운 기) | 連(이어질 연) | 枝(가지 지) |

형제는 부모의 기운을 같이 받았으니 나무의 가지와 같다.

| 交(사귈 교) | 友(벗 우) | 投(던질 투) | 分(나눌 분) |

벗을 사귈 때에는 서로가 분에 맞는 사람끼리 사귀어야 한다.

| 切(끊을 절/모두 체) | 磨(갈 마) | 箴(경계 잠) | 規(법 규) |

열심히 닦고 배워서 사람으로서의 도리를 지켜야 한다.

| 仁(어질 인) | 慈(사랑할 자) | 隱(숨을 은) | 惻(슬플 측) |

어진 마음으로 남을 사랑하고 또는 이를 측은히 여겨야 한다.

| 造(지을 조) | 次(버금 차) | 弗(아닐 불) | 離(떠날 리) |

남을 위한 동정심을 잠시라도 잊지 말고 항상 가져야 한다.

| 節(마디 절) | 義(옳을 의) | 廉(청렴 렴) | 退(물러갈 퇴) |

청렴과 절개와 의리와 사양함과 물러감은 늘 지켜야 한다.

| 顚(엎드러질 전) | 沛(자빠질 패) | 匪(아닐 비) | 虧(이지러질 휴) |

엎드려지고 자빠져도 이지러지지 않으니 용기를 잃지 말라.

| 性(성품 성) | 靜(고요할 정) | 情(뜻 정) | 逸(편안할 일) |

성품이 고요하면 뜻이 편안하니 고요함은 천성이요 동작함은 인정이다.

| 心(마음 심) | 動(움직일 동) | 神(귀신 신) | 疲(피곤할 피) |

마음이 움직이면 신기가 피곤하니 마음이 불안하면 신기가 불편하다.

| 守(지킬 수) | 眞(참 진) | 志(뜻 지) | 滿(찰 만) |

사람의 도리를 지키면 뜻이 차고 군자의 도를 지키면 뜻이 편안하다.

| 逐(쫓을 축) | 物(만물 물) | 意(뜻 의) | 移(옮길 이) |

마음이 불안함은 욕심이 있어서 그렇다. 너무 욕심내면 마음도 변한다.

| 堅(굳을 견) | 持(가질 지) | 雅(우아할 아) | 操(잡을 조) |

맑은 절조를 굳게 가지고 있으면 나의 도리를 극진히 함이라.

| 好(좋을 호) | 爵(벼슬 작) | 自(스스로 자) | 縻(얽을 미) |

스스로 벼슬을 얻게 되니 천작을 극진하면 인작이 스스로 이르게 된다.

| 都(도읍 도) | 邑(고을 읍) | 華(빛날 화) | 夏(여름 하) |

도읍은 왕성의 지위를 말한 것이고 화하는 당시 중국을 지칭하던 말이다.

| 東(동녘 동) | 西(서녘 서) | 二(두 이) | 京(서울 경) |

동과 서에 두 서울이 있으니 동경은 낙양이고 서경은 장안이다.

| 背(등 배) | 邙(산이름 망) | 面(낯 면) | 洛(강이름 락) |

동경은 북에 북망산이 있고 낙양은 남에 낙천이 있다.

| 浮(뜰 부) | 渭(강이름 위) | 據(의거할 거) | 涇(통할 경) |

위수에 뜨고 경수를 눌렀으니 장안은 서북에 위천, 경수, 두물이 있었다.

| 宮(집 궁) | 殿(큰집 전) | 盤(서릴 반) | 鬱(답답 울) |

궁전은 울창한 나무 사이에 서린 듯 정하고

| 樓(다락 루) | 觀(볼 관) | 飛(날 비) | 驚(놀랄 경) |

궁전 가운데 있는 물견대는 높아서 올라가면 나는 듯하여 놀란다.

| 圖(그림 도) | 寫(베낄 사) | 禽(날짐승 금) | 獸(짐승 수) |

궁전 내부에는 유명한 화가들이 그린 그림 조각 등으로 장식되어 있다.

| 畫(그림 화) | 采(채색 채) | 仙(신선 선) | 靈(신령 령) |

신선과 신령의 그림도 화려하게 채색되어 있다.

| 丙(남녘 병) | 舍(집 사) | 傍(곁 방) | 啓(열 계) |

병사 곁에 통고를 열어 궁전 내를 출입하는 사람들의 편리를 도모하였다.

甲(갑옷 갑)	帳(휘장 장)	對(대답할 대)	楹(기둥 영)

아름다운 갑장이 기둥을 대하였으니 동방삭이 갑장을 지어 임금이 잠시 정지하는 곳이다.

肆(베풀 사)	筵(자리 연)	設(베풀 설)	席(자리 석)

자리를 베풀고 돗자리를 베푸니 연회하는 좌석이다.

鼓(북 고)	瑟(비파 슬)	吹(불 취)	笙(생황 생)

비파를 치고 저를 부니 잔치하는 풍류이다.

陞(오른쪽 승)	階(뜰 계)	納(바칠 납)	陛(섬돌 폐)

문무백관이 계단을 올라 임금께 납폐하는 절차이니라.

弁(고깔 변)	轉(구를 전)	疑(의심할 의)	星(별 성)

많은 사람들의 관에서 번쩍이는 구슬이 별안간 의심할 정도이다.

右(오를 우)	通(통할 통)	廣(넓을 광)	內(안 내)

오른편에 광내가 통하니 광내는 나라 비서를 두는 집이다.

左(왼 좌)	達(통달할 달)	承(이을 승)	明(밝을 명)

왼편에 승명이 사무치니 승명은 사기를 교열하는 집이다.

旣(이미 기)	集(모을 집)	墳(무덤 분)	典(법 전)

이미 분과 전을 모았으니 삼황의 글은 삼분이요 오제의 글은 오전이다.

亦(또 역)	聚(모을 취)	群(무리 군)	英(꽃부리 영)

또한 여러 영웅을 모으니 분전을 강론하여 치국하는 도를 밝힘이라.

杜(막을 두)	稿(볏짚 고)	鍾(쇠북 종)	隷(글씨 례)

초서를 처음으로 쓴 두고와 예서를 쓴 종례의 글로 비치되었다.

漆(옻칠할 칠)	書(글씨 서)	壁(벽 벽)	經(날 경)

하나라 영제가 돌벽에서 발견한 서골과 공자가 발견한 육경도 비치되어 있다.

府(마을 부)	羅(벌릴 라)	將(장수 장)	相(서로 상)

마을 좌우에 장수와 정승이 벌려 있었다.

路(길 로)	夾(낄 협)	槐(괴화나무 괴)	卿(벼슬 경)

길에 고위 고관인 삼공구경의 마차가 열지어 궁전으로 들어가는 모습이다.

戶(지게 호)　　　　　封(봉할 봉)　　　　　八(여덟 팔)　　　　　縣(고을 현)

한나라가 천하를 통일하고 여덟 고을 민호를 주어 공신을 봉하였다.

家(집 가)　　　　　給(줄 급)　　　　　千(일천 천)　　　　　兵(군사 병)

제후 나라에 일천 군사를 주어 그의 집을 호위시켰다.

高(높을 고)　　　　　冠(갓 관)　　　　　陪(더할 배)　　　　　輦(손수레 련)

높은 관을 쓰고 연을 모시니 제후의 예로 대접했다.

驅(몰 구)　　　　　轂(바퀴 곡)　　　　　振(떨친 진)　　　　　纓(끈 영)

수레를 몰며 갓끈이 떨치니 임금출행에 제후의 위엄이 있다.

世(세상 세)　　　　　祿(녹 록)　　　　　侈(사치할 치)　　　　　富(부자 부)

대대로 녹이 사치하고 부하니 제후 자손이 세세 관록이 무성하여라.

車(수레 거)　　　　　駕(멍에 가)　　　　　肥(살찔 비)　　　　　輕(가벼울 경)

수레의 말은 살찌고 몸의 의복은 가볍게 차려져 있다.

策(꾀 책)　　　　　功(공 공)　　　　　茂(무성할 무)　　　　　實(열매 실)

공을 꾀함에 무성하고 충실하라.

勒(굴레 륵)　　　　　碑(비석 비)　　　　　刻(새길 각)　　　　　銘(새길 명)

비를 세워 이름을 새겨서 그 공을 찬양하며 후세에 전하였다.

磻(강이름 반)　　　　　溪(시내 계)　　　　　伊(저 이)　　　　　尹(다스릴 윤)

문왕은 반계에서 강태공을 맞고 은왕은 신야에서 이윤을 맞이하였다.

佐(도울 좌)　　　　　時(때 시)　　　　　阿(언덕 아)　　　　　衡(저울대 형)

때를 돕는 아형이니 아형은 상나라 재상의 칭호이다.

奄(문득 엄)　　　　　宅(집 댁/택)　　　　　曲(굽을 곡)　　　　　阜(언덕 부)

주공이 큰 공이 있는 고로 노국을 봉한 후 곡부에다 궁전을 세웠다.

微(작을 미)　　　　　旦(아침 단)　　　　　孰(누구 숙)　　　　　營(경영 영)

주공의 단이 아니면 어찌 큰 궁전을 세웠으리요.

桓(굳셀 환)　　　　　公(공변될 공)　　　　　匡(바를 광)　　　　　合(모을 합)

제나라 환공은 바르게 하고 모두었으니 초를 물리치고 난을 바로잡았다.

| 濟(건널 제) | 弱(약할 약) | 扶(도울 부) | 傾(기울 경) |

약한 나라를 구제하고 기울어지는 제신을 도와서 붙들어 주었다.

| 綺(비단 기) | 回(돌아올 회) | 漢(한수 한) | 惠(은혜 혜) |

하나라 네 현인의 한 사람인 기가 한나라 혜제를 회복시켰다.

| 說(말씀 설/달랠 세 /기뻐할 열) | 感(느낄 감) | 武(호반 무) | 丁(고무래 정) |

부열이 들에서 역사하매 무정의 꿈에 감동되어 곧 정승에 되었다.

| 俊(준걸 준) | 乂(어질 예) | 密(빽빽할 밀) | 勿(말 물) |

준걸과 재사가 조정에 모여 빽빽하더라.

| 多(많을 다) | 士(선비 사) | 寔(이 식) | 寧(편안 녕) |

준걸과 재사가 조정에 많으니 국가가 태평함이라.

| 晋(나라 진) | 楚(나라 초) | 更(다시 갱/고칠 경) | 霸(으뜸 패) |

진과 초가 다시 으뜸이 되니 진문공 초장왕이 패왕이 되니라.

| 趙(나라 조) | 魏(나라 위) | 困(곤할 곤) | 橫(비낄 횡) |

조와 위는 횡에 곤하니 육군때에 진나라를 섬기자 함을 횡이라 하니라.

| 假(거짓 가) | 途(길 도) | 滅(멸할 멸) | 虢(나라 괵) |

길을 빌려 괵국을 멸하니 진헌공이 우국길을 빌려 괵국을 멸하였다.

| 踐(밟을 천) | 土(흙 토) | 會(모일 회) | 盟(맹세 맹) |

진문공이 제후를 천토에 모아 맹세하고 협천자영 제후하니라.

| 何(어찌 하) | 遵(좇을 준) | 約(약속할 약) | 法(법 법) |

소하는 한고조로 더불어 약법삼장을 정하여 준행하리라.

| 韓(나라 한) | 弊(해질 폐) | 煩(번거로울 번) | 刑(형벌 형) |

한비는 진왕을 달래 형벌을 펴다가 그 형벌에 죽는다.

| 起(일어날 기) | 翦(자를 전) | 頗(자못 파) | 牧(칠 목) |

백기와 왕전은 진나라 장수요 염파와 이목은 조나라 장수였다.

用(쓸 용)　　　　　軍(군사 군)　　　　　最(가장 최)　　　　　精(정할 정)

군사 쓰기를 가장 정결히 하였다.

宣(베풀 선)　　　　　威(위엄 위)　　　　　沙(모래 사)　　　　　漠(아득할 막)

장수로서 그 위엄은 멀리 사막에까지 퍼졌다.

馳(달릴 치)　　　　　譽(칭찬할 예)　　　　　丹(붉을 단)　　　　　靑(푸를 청)

그 이름은 생전뿐 아니라 죽은 후에도 전하기 위하여 초상을 기린각에 그렸다.

九(아홉 구)　　　　　州(고을 주)　　　　　禹(하우씨 우)　　　　　跡(자취 적)

하우씨가 구주를 분별하니 기, 연, 청, 서, 양, 옹, 구주이다.

百(일백 백)　　　　　郡(고을 군)　　　　　秦(나라 진)　　　　　幷(아우를 병)

진시황이 천하봉군하는 법을 폐하고 일백군을 두었다.

嶽(산마루 악)　　　　宗(마루 종)　　　　　恒(항상 항)　　　　　岱(뫼 대)

오악은 동태산, 서화산, 남형산, 북항산, 중숭산이니 항산과 태산이 조종이라.

禪(터닦을 선)　　　　主(임금 주)　　　　　云(이를 운)　　　　　亭(정자 정)

운과 정은 천자를 봉선하고 제사하는 곳이니 운정은 태산에 있다.

雁(기러기 안)　　　　門(문 문)　　　　　紫(붉을 자)　　　　　塞(변방 새)

안문은 봄기러기 북으로 가는 고로 안문이고 흙이 붉은 고로 자색이라 하였다.

鷄(닭 계)　　　　　田(밭 전)　　　　　赤(붉을 적)　　　　　城(성 성)

계전은 옹주에 있는 고을이고 적성은 기주에 있는 고을이다.

昆(맏 곤)　　　　　池(못 지)　　　　　碣(돌 갈)　　　　　石(돌 석)

곤지는 운남 곤명현에 있고 갈석은 부평현에 있다.

鉅(클 거)　　　　　野(들 야)　　　　　洞(골 동/꿰뚫을 통)　　　庭(뜰 정)

거야는 태산 동편에 있는 광야 동전은 호남성에 있는 중국 제일의 호수이다.

曠(빌 광)　　　　　遠(멀 원)　　　　　綿(이어질 면)　　　　　邈(멀 막)

산, 벌판, 호수 등이 아득하고 멀리 그리고 널리 줄지어 있음을 말한다.

巖(바위 암)　　　　　岫(메뿌리 수)　　　　杳(아득할 묘)　　　　冥(어두울 명)

큰 바위와 메뿌리가 묘연하고 아득함을 말한다.

治(다스릴 치)	本(근본 본)	於(어조사 어)	農(농사 농)

다스리는 것은 농사를 근본으로 하니 중농 정치를 이른다.

務(힘쓸 무)	兹(이 자)	稼(심을 가)	穡(거둘 색)

때맞춰 심고 힘써 일하며 많은 수익을 거둔다.

俶(비로소 숙)	載(실을 재)	南(남녘 남)	畝(이랑 묘)

비로소 남양의 밭에서 농작물을 배양한다.

我(나 아)	藝(재주 예)	黍(기장 서)	稷(피 직)

나는 기장과 피를 심는 일에 열중하겠다.

稅(징수할 세)	熟(익을 숙)	貢(바칠 공)	新(새 신)

곡식이 익으면 부세하여 국용을 준비하고 신곡으로 종묘에 제사를 올린다.

勸(권할 권)	賞(상줄 상)	黜(물리칠 출)	陟(오를 척)

농민의 의기를 앙양키 위하여 열심인 자는 상주고 게을리 한 자는 출석하였다.

孟(맏 맹)	軻(수레 가)	敦(도타울 돈)	素(흴 소)

맹자는 그 모친의 교훈을 받아 자사문하에서 배웠다.

史(역사 사)	魚(물고기 어)	秉(잡을 병)	直(곧을 직)

사어라는 사람은 위나라 태부였으며 그 성격이 매우 강직하였다.

庶(여러 서)	幾(몇 기)	中(가운데 중)	庸(떳떳 용)

어떠한 일이나 한쪽으로 기울어지게 일하면 안 된다.

勞(힘쓸 로)	謙(겸손 겸)	謹(삼갈 근)	勅(칙서 칙)

근로하고 겸손하며 삼가고 신칙하면 중용의 도에 이른다.

聆(들을 령)	音(소리 음)	察(살필 찰)	理(다스릴 리)

소리를 듣고 그 거동을 살피니 조그마한 일이라도 주의하여야 한다.

鑑(거울 감)	貌(모양 모)	辨(분별 변)	色(빛 색)

모양과 거동으로 그 마음속을 분별할 수 있다.

貽(끼칠 이)	厥(그 궐)	嘉(아름다울 가)	猷(꾀 유)

도리를 지키고 착함으로 자손에 좋은 것을 끼쳐야 한다.

| 勉(힘쓸 면) | 其(그 기) | 祗(공경 지) | 植(심을 식) |

착한 것으로 자손에 줄 것을 힘써야 좋은 가정을 이룰 것이다.

| 省(살필 성/덜 생) | 躬(몸 궁) | 譏(나무랄 기) | 誡(경계 계) |

나무람과 경계함이 있는가 염려하며 몸을 살피라.

| 寵(고일 총) | 增(더할 증) | 抗(저항할 항) | 極(다할 극) |

총애가 더할수록 교만한 태도를 부리지 말고 더욱 조심하여야 한다.

| 殆(위태 태) | 辱(욕할 욕) | 近(가까울 근) | 恥(부끄러울 치) |

총애를 받는다고 욕된 일을 하면 머지않아 위태함과 치욕이 온다.

| 林(수풀 림) | 皋(언덕 고) | 幸(다행 행) | 卽(곧 즉) |

부귀할지라도 겸토하여 산간 수풀에서 편히 지내는 것도 다행한 일이다.

| 兩(두 량) | 疏(상소할 소) | 見(볼 견/나타날 현) | 機(틀 기) |

한나라의 소광과 소수는 기틀을 보고 상소하고 낙향했다.

| 解(풀 해) | 組(짤 조) | 誰(누구 수) | 逼(핍박할 핍) |

관의 끈을 풀어 사직하고 돌아가니 누가 핍박하리요.

| 索(찾을 색) | 居(살 거) | 閑(한가 한) | 處(곳 처) |

퇴직하여 한가한 곳에서 세상을 보냈다.

| 沈(잠길 침) | 黙(잠잠할 묵) | 寂(고요할 적) | 寥(고요 요) |

세상에 나와서 교제하는 데도 언행에 침착해야 한다.

| 求(구할 구) | 古(옛 고) | 尋(찾을 심) | 論(의논할 론) |

예를 찾아 의논하고 고인을 찾아 토론한다.

| 散(흩을 산) | 慮(생각 려) | 逍(거닐 소) | 遙(멀 요) |

세상일을 잊어버리고 자연 속에서 한가하게 즐긴다.

| 欣(기쁠 흔) | 奏(아뢸 주) | 累(여러 루) | 遣(보낼 견) |

기쁨은 아뢰고 더러움은 보내니.

| 慼(슬플 척) | 謝(사례 사) | 歡(기뻐할 환) | 招(부를 초) |

심중의 슬픈 것은 없어지고 즐거움만 부른 듯이 오게 된다.

渠(개천 거)	荷(연꽃 하)	的(과녁 적)	歷(지낼 력)

개천의 연꽃도 아름다우니 향기를 잡아볼 만하다.

園(동산 원)	莽(풀 망)	抽(빼낼 추)	條(조목 조)

동산의 풀은 땅속 양분으로 가지가 뻗고 크게 자란다.

枇(비파나무 비)	杷(비파나무 파)	晩(늦을 만)	翠(푸를 취)

비파나무는 늦은 겨울에도 그 빛은 푸르다.

梧(오동 오)	桐(오동 동)	早(이를 조)	凋(시들 조)

오동잎은 가을이면 다른 나무보다 먼저 마른다.

陳(베풀 진)	根(뿌리 근)	委(맡길 위)	翳(가릴 예)

가을이 오면 오동뿐 아니라 고목의 뿌리는 시들어 마른다.

落(떨어질 락)	葉(잎사귀 엽)	飄(나부낄 표)	颻(나부낄 요)

가을이 오면 낙엽이 펄펄 날리며 떨어진다.

游(헤엄칠 유)	鵾(곤새 곤)	獨(홀로 독)	運(운전 운)

곤새가 자유로이 홀로 날개를 펴고 운회(運回)하고 있다.

凌(업신여길 릉)	摩(만질 마)	絳(붉을 강)	霄(하늘 소)

적색의 대공(大空)을 업신여기는 듯이 선회하고 있다.

耽(즐길 탐)	讀(읽을 독/이두 두)	翫(가지고놀 완)	市(저자 시)

하나라의 왕충은 독서를 즐겨 서점에 가서 탐독하였다.

寓(붙일 우)	目(눈 목)	囊(주머니 낭)	箱(상자 상)

왕충이 한번 읽으면 잊지 아니하여 글을 주머니나 상자에 둠과 같다고 하였다.

易(쉬울 이/바꿀 역)	輶(가벼울 유)	攸(바 유)	畏(두려워할 외)

매사를 소홀히 하고 경솔함은 군자가 진실로 두려워하는 바이다.

屬(붙을 속/이을 촉)	耳(귀 이)	垣(담 원)	牆(담 장)

담장에도 귀가 있다는 말과 같이 경솔히 말하는 것을 조심하라.

具(갖출 구)	膳(반찬 선)	飧(밥 손)	飯(밥 반)

반찬을 갖추고 밥을 먹으니

| 適(마침 적) | 口(입 구) | 充(채울 충) | 腸(창자 장) |

홀륭한 음식이 아니라도 입에 맞으면 배를 채운다.

| 飽(배부를 포) | 飫(배부를 어) | 烹(삶을 팽) | 宰(재상 재) |

배부를 때에는 아무리 좋은 음식이라도 그 맛을 모른다.

| 饑(주릴 기) | 厭(싫을 염) | 糟(재강 조) | 糠(겨 강) |

반대로 배가 고플 때에는 겨와 재강도 맛있게 되는 것이다.

| 親(친할 친) | 戚(겨레 척) | 故(연고 고) | 舊(옛 구) |

친은 동성지친이고 척은 이성지친이요 고구는 오랜 친구를 말한다.

| 老(늙을 로) | 少(젊을 소) | 異(다를 이) | 糧(양식 량) |

늙은이와 젊은이의 식사가 다르다.

| 妾(첩 첩) | 御(모실 어) | 績(길쌈 적) | 紡(길쌈 방) |

남자는 밖에서 일하고 여자는 안에서 길쌈을 짜니라.

| 侍(모실 시) | 巾(수건 건) | 帷(장막 유) | 房(방 방) |

유방에서 모시고 수건을 받드니 처첩이 하는 일이다.

| 紈(흰비단 환) | 扇(부채 선) | 圓(둥글 원) | 潔(깨끗할 결) |

흰 비단으로 만든 부채는 둥글고 깨끗하다.

| 銀(은 은) | 燭(촛불 촉) | 煒(빛날 위) | 煌(빛날 황) |

은촛대의 촛불은 빛나서 휘황찬란하다.

| 晝(낮 주) | 眠(잘 면) | 夕(저녁 석) | 寐(잘 매) |

낮에 낮잠 자고 밤에 일찍 자니 한가한 사람의 일이다.

| 藍(쪽 람) | 筍(죽순 순) | 象(코끼리 상) | 牀(상 상)=床 |

푸른 대순과 코끼리 상이니 즉, 한가한 사람의 침대이다.

| 弦(줄 현) | 歌(노래 가) | 酒(술 주) | 讌(잔치 연) |

거문고를 타며 술과 노래로 잔치하니.

| 接(이을 접) | 杯(잔 배) | 擧(들 거) | 觴(잔 상) |

작고 큰 술잔을 서로 주고받으며 즐기는 모습이다.

| 矯(바로잡을 교) | 手(손 수) | 頓(두드릴 돈) | 足(발 족) |

손을 들고 발을 두드리며 춤을 춘다.

| 悅(기쁠 열) | 豫(미리 예) | 且(또 차) | 康(편안 강) |

이상과 같이 마음 편히 즐기고 살면 단란한 가정이다.

| 嫡(정실 적) | 後(뒤 후) | 嗣(이을 사) | 續(이을 속) |

적자된 자, 즉 장남은 뒤를 계승하여 대를 이룬다.

| 祭(제사 제) | 祀(제사 사) | 蒸(찔 증) | 嘗(맛볼 상) |

제사하되 겨울 제사는 증이라 하고 가을 제사는 상이라 한다.

| 稽(조아릴 계) | 顙(이마 상) | 再(둘 재) | 拜(절 배) |

이마를 조아려 선조에게 두 번 절한다.

| 悚(두려워할 송) | 懼(두려워할 구) | 恐(두려워할 공) | 惶(두려워할 황) |

송구하고 공황하니 엄중, 공경함이 지극함이라. (3년상 이후의 제사시의 몸가짐이다)

| 牋(편지 전) | 牒(편지 첩) | 簡(편지 간) | 要(중요 요) |

글과 편지는 간략함을 요한다.

| 顧(돌아볼 고) | 答(대답 답) | 審(살필 심) | 詳(자세할 상) |

편지의 회답도 자세히 살펴 써야 한다.

| 骸(뼈 해) | 垢(때 구) | 想(생각할 상) | 浴(목욕할 욕) |

몸에 때가 끼면 목욕하기를 생각하고.

| 執(잡을 집) | 熱(더울 열) | 願(원할 원) | 凉(서늘할 량) |

더우면 서늘하기를 원한다.

| 驢(나귀 려) | 騾(노새 라) | 犢(송아지 독) | 特(특별 특) |

나귀와 노새와 송아지, 즉 가축을 말한다.

| 駭(놀랄 해) | 躍(뛸 약) | 超(넘을 초) | 驤(달릴 양) |

뛰고 달리며 노는 가축의 모습을 말한다.

| 誅(벨 주) | 斬(벨 참) | 賊(도적 적) | 盜(도적 도) |

역적과 도적을 베어 물리침.

捕(잡을 포)	獲(얻을 획)	叛(배반할 반)	亡(망할 망/없을 무)

배반하고 도망하는 자를 잡아 죄를 다스린다.

布(베 포)	射(쏠 사)	僚(벗 료)	丸(알 환)

한나라 여포는 화살을 잘 쐈고 의료는 탄자를 잘 던졌다.

嵇(산이름 혜)	琴(거문고 금)	阮(악기 완)	嘯(휘파람 소)

위국 혜강은 거문고를 잘 타고 완적은 휘파람을 잘 불었다.

恬(편안 넘)	筆(붓 필)	倫(인륜 륜)	紙(종이 지)

진국 봉념은 토끼털로 처음 붓을 만들었고 후한 채윤은 처음 종이를 만들었다.

鈞(고를 균)	巧(공교할 교)	任(맡길 임)	釣(낚시 조)

위국 마균은 지남거를 만들고 전국시대 임공자는 낚시를 만들었다.

釋(놓을 석)	紛(어지러울 분)	利(이로울/날카로울 리)	俗(풍속 속)

이상 팔인의 재주를 다하여 어지러움을 풀어 풍속에 이롭게 하였다.

竝(아우를 병)	皆(다 개)	佳(아름다울 가)	妙(묘할 묘)

모두가 아름다우며 묘한 재주였다.

毛(털 모)	施(베풀 시)	淑(맑을 숙)	姿(모양 자)

모는 오의 모타라는 여자이고 시는 월의 시라는 여자인데 모두 절세미인이었다.

工(장인 공)	顰(찡그릴 빈)	姸(고울 연)	笑(웃을 소)

이 두 미인의 웃는 모습이 매우 곱고 아름다웠다.

年(해 년)	矢(화살 시)	每(매양 매)	催(재촉 최)

세월이 빠른 것을 말한다. 즉, 살같이 매양 재촉하니

曦(햇빛 희)	暉(빛날 휘)	朗(밝을 랑)	耀(빛날 요)

태양 빛과 달빛은 온 세상을 비추어 만물에 혜택을 주고 있다.

璇(구슬 선)	璣(구슬 기)	懸(달 현)	斡(빙빙돌 알)

선기는 천기를 보는 기구이고 그 기구가 높이 걸려 도는 것을 말한다.

晦(그믐 회)	魄(넋 백)	環(고리 환)	照(비칠 조)

달이 고리와 같이 돌며 천지를 비치는 것을 말한다.

指(손가락 지)	薪(섶나무 신)	修(닦을 수)	祐(복 우)

불타는 나무와 같이 정열로 도리를 닦으면 복을 얻는다.

永(길 영)	綏(편안 수)	吉(길할 길)	劭(아름다울 소)

그리고 영구히 편안하고 길함이 높으리라.

矩(법 구)	步(걸음 보)	引(끌 인)	領(거느릴 령)

걸음을 바로 걷고 따라서 얼굴도 바르니 위의가 당당하다.

俯(굽을 부)	仰(우러를 앙)	廊(행랑 랑)	廟(사당 묘)

항상 남묘에 있는 것으로 생각하고 머리를 숙여 예의를 지키라.

束(묶을 속)	帶(띠 대)	矜(자랑 긍)	莊(씩씩할 장)

의복에 주의하여 단정히 함으로써 긍지를 갖는다.

徘(배회 배)	徊(배회 회)	瞻(쳐다볼 첨)	眺(바라볼 조)

같은 장소를 배회하며 선후를 보는 모양이다.

孤(외로울 고)	陋(더러울 루)	寡(적을 과)	聞(들을 문)

하등의 식견도 재능도 없다. (천자문의 저자가 자기 자신을 겸손해서 말한 것이다)

愚(어리석을 우)	蒙(어릴 몽)	等(등급 등)	誚(꾸짖을 초)

적고 어리석어 몽매함을 면치 못한다는 것을 말한다.

謂(이를 위)	語(말씀 어)	助(도울 조)	者(놈 자)

어조라 함은 한문의 조사 즉, 다음 글자이다.

焉(어찌 언)	哉(어조사 재)	乎(어조사 호)	也(어조사 야)

'언재호야' 이 네 글자는 어조사이다.

교육용 기초한자 1800자

	중학교용 900 한자	고등학교용 900 한자
가	家 (집 가) • 佳 (아름다울 가) • 街 (거리 가) • 可 (옳을 가) • 歌 (노래 가) • 加 (더할 가) • 價 (값 가) • 假 (거짓 가)	架 (시렁 가) • 暇 (겨를 가)
각	各 (하나하나 각) • 角 (뿔 각) • 脚 (다리 각)	閣 (누각 각) • 却 (물리칠 각) • 覺 (깨달을 각) • 刻 (새길 각)
간	干 (방패 간) • 間 (사이 간) • 看 (볼 간)	刊 (책 펴낼 간) • 肝 (간 간) • 幹 (줄기 간) • 簡 (대쪽 간) • 姦 (간사할 간) • 懇 (정성 간)
갈	渴 (목마를 갈)	
감	甘 (달 감) • 減 (덜 감) • 感 (느낄 감) • 敢 (감히 감)	監 (볼 감) • 鑑 / 鑒 (거울 감)
갑	甲 (갑옷 갑)	
강	江 (강 강) • 降 (내릴 강) • 講 (익힐 강) • 强 (굳셀 강)	康 (편안할 강) • 剛 (굳셀 강) • 鋼 (강철 강) • 綱 (벼리 강)
개	改 (고칠 개) • 皆 (다 개) • 個 / 箇 (낱 개) • 開 (열 개)	介 (끼일 개) • 慨 (분개할 개) • 槪 (대개 개) • 蓋 / 盖 (덮을 개)
객	客 (손님 객)	
갱	更 (다시 갱)	
거	去 (갈 거) • 巨 (클 거) • 居 (있을 거) • 車 (수레 거) • 擧 (들 거)	距 (떨어질 거) • 拒 (막을 거) • 據 (의거할 거)
건	建 (세울 건) • 乾 (하늘 건)	件 (사건 건) • 健 (튼튼할 건)

	중학교용 900 한자	고등학교용 900 한자
걸		傑 (뛰어날 걸) • 乞 (빌 걸)
검		儉 (검소할 검) • 劍 / 劒 (칼 검) • 檢 (검사할 검)
격		格 (바로잡을 격) • 擊 (부딪칠 격) • 激 (과격할 격) • 隔 (사이 뜰 격)
견	犬 (개 견) • 見 (볼 견) • 堅 (굳을 견)	肩 (어깨 견) • 絹 (명주 견) • 遣 (보낼 견) • 牽 (끌 견)
결	決 (터질 결) • 結 (맺을 결) • 潔 (깨끗할 결)	缺 (이지러질 결)
겸		兼 (겸할 겸) • 謙 (겸손할 겸)
경	京 (서울 경) • 景 (볕 경) • 輕 (가벼울 경) • 經 (경서 경) • 庚 (일곱째 천간 경) • 耕 (밭을 갈 경) • 敬 (공경할 경) • 驚 (놀랄 경) • 慶 (경사 경) • 競 (겨룰 경)	竟 (다할 경) • 境 (지경 경) • 鏡 (거울 경) • 頃 (잠깐 경) • 傾 (기울 경) • 硬 (굳을 경) • 警 (경계할 경) • 徑 (지름길 경) • 卿 (벼슬 경)
계	癸 (열째 천간 계) • 季 (끝 계) • 界 (지경 계) • 計 (꾀 계) • 溪 (시내 계) • 鷄 (닭 계)	系 (이을 계) • 係 (걸릴 계) • 戒 (경계할 계) • 械 (형틀 계) • 繼 (이을 계) • 契 (맺을 계) • 桂 (계수나무 계) • 啓 (열 계) • 階 (섬돌 계) • 繫 (맬 계)
고	古 (옛 고) • 故 (옛 고) • 固 (굳을 고) • 苦 (쓸 고) • 考 / 攷 (상고할 고) • 高 (높을 고) • 告 (알릴 고)	枯 (마를 고) • 姑 (시어미 고) • 庫 (곳집 고) • 孤 (외로울 고) • 鼓 (북 고) • 稿 (볏집 고) • 顧 (돌아볼 고)
곡	谷 (골 곡) • 曲 (굽을 곡) • 穀 (곡식 곡)	哭 (울 곡)
곤	困 (괴로울 곤) • 坤 (땅 곤)	
골	骨 (뼈 골)	
공	工 (장인 공) • 功 (공로 공) • 空 (빌 공) • 共 (함께 공) • 公 (공변될 공)	孔 (구멍 공) • 供 (이바지할 공) • 恭 (공손할 공) • 攻 (칠 공) • 恐 (두려울 공) • 貢 (바칠 공)

	중학교용 900 한자	고등학교용 900 한자
과	果 (과실 과) • 課 (매길 과) • 科 (과정 과) • 過 (지날 과)	誇 (자랑할 과) • 寡 (적을 과)
곽		郭 (성곽 곽)
관	官 (벼슬 관) • 觀 (볼 관) • 關 (빗장 관)	館 (객사 관) • 管 (피리 관) • 貫 (꿸 관) • 慣 (버릇 관) • 冠 (갓 관) • 寬 (너그러울 관)
광	光 (빛 광) • 廣 (넓을 광)	鑛 (쇳돌 광) • 狂 (미칠 광)
괘		掛 (걸 괘)
괴		塊 (흙덩이 괴) • 愧 (부끄러워할 괴) • 怪 (기이할 괴) • 壞 (무너질 괴)
교	交 (사귈 교) • 校 (학교 교) • 橋 (다리 교) • 敎 (가르칠 교)	郊 (성 밖 교) • 較 (견줄 교) • 巧 (공교할 교) • 矯 (바로잡을 교)
구	九 (아홉 구) • 口 (입 구) • 求 (구할 구) • 救 (건질 구) • 究 (궁구할 구) • 久 (오랠 구) • 句 (글귀 구) • 舊 (예 구)	具 (갖출 구) • 俱 (함께 구) • 區 (지경 구) • 驅 (몰 구) • 苟 (진실로 구) • 拘 (잡을 구) • 狗 (개 구) • 丘 (언덕 구) • 懼 (두려워할 구) • 龜 (땅 이름 구) • 構 (얽을 구) • 球 (공 구)
국	國 (나라 국)	菊 (국화 국) • 局 (판 국)
군	君 (임금 군) • 郡 (고을 군) • 軍 (군사 군)	群 (무리 군)
굴		屈 (굽을 굴)
궁	弓 (활 궁)	宮 (집 궁) • 窮 (다할 궁)
권	卷 (책 권) • 權 (권세 권) • 勸 (권할 권)	拳 (주먹 권)
궐		厥 (그 궐)
궤		軌 (길 궤)
귀	貴 (귀할 귀) • 歸 (돌아갈 귀)	鬼 (귀신 귀)
규		叫 (부르짖을 규) • 規 (법 규) • 糾 (살필 규)
균	均 (고를 균)	菌 (버섯 균)

	중학교용 900 한자	고등학교용 900 한자
극	極 (다할 극)	克 (이길 극) • 劇 (심할 극)
근	近 (가까울 근) • 勤 (부지런할 근) • 根 (뿌리 근)	斤 (도끼 근) • 僅 (겨우 근) • 謹 (삼갈 근)
금	金 (쇠 금) • 今 (이제 금) • 禁 (금할 금)	錦 (비단 금) • 禽 (날짐승 금) • 琴 (거문고 금)
급	及 (미칠 급) • 給 (넉넉할 급) • 急 (급할 급)	級 (등급 급)
긍		肯 (긍정할 긍)
기	己 (몸 기) • 記 (기록할 기) • 起 (일어날 기) • 其 (그 기) • 期 (기약할 기) • 基 (터 기) • 氣 (기운 기) • 技 (재주 기) • 幾 (기미 기) • 旣 (이미 기)	紀 (벼리 기) • 忌 (꺼릴 기) • 旗 (기 기) • 欺 (속일 기) • 奇 (기이할 기) • 騎 (말탈 기) • 寄 (부칠 기) • 豈 (어찌 기) • 棄 (버릴 기) • 祈 (빌 기) • 企 (꾀할 기) • 畿 (경기 기) • 飢 (주릴 기) • 器 (그릇 기) • 機 (틀 기)
긴		緊 (긴요할 긴)
길	吉 (길할 길)	
나		那 (어찌 나)
낙		諾 (대답할 낙)
난	暖 (따뜻할 난) • 難 (어려울 난)	
남	南 (남녘 남) • 男 (사내 남)	
납		納 (바칠 납)
낭		娘 (아가씨 낭)
내	內 (안 내) • 乃 (이에 내)	奈 (어찌 내) • 耐 (견딜 내)
녀	女 (계집 녀)	
년	年 (해 년)	
념	念 (생각할 념)	
녕		寧 (편안할 녕)
노	怒 (성낼 노)	奴 (종 노) • 努 (힘쓸 노)

	중학교용 900 한자	고등학교용 900 한자
농	農 (농사 농)	
뇌		腦 (뇌 뇌) • 惱 (괴로워할 뇌)
능	能 (능할 능)	
니		泥 (진흙 니)
다	多 (많을 다)	茶 (차 다)
단	丹 (붉을 단) • 但 (다만 단) • 單 (홑 단) • 短 (짧을 단) • 端 (바를 단)	旦 (아침 단) • 段 (구분 단) • 壇 (단 단) • 檀 (박달나무 단) • 斷 (끊을 단) • 團 (둥글 단)
달	達 (통달할 달)	
담	談 (말씀 담)	淡 (묽을 담) • 擔 (멜 담)
답	答 (대답할 답)	畓 (논 답) • 踏 (밟을 답)
당	堂 (집 당) • 當 (당할 당)	唐 (당나라 당) • 糖 (사탕 당) • 黨 (무리 당)
대	大 (큰 대) • 代 (대신할 대) • 待 (기다릴 대) • 對 (대답할 대)	帶 (띠 대) • 臺 (대 대) • 貸 (빌릴 대) • 隊 (떼 대)
덕	德 (덕 덕)	
도	刀 (칼 도) • 到 (이를 도) • 度 (법도 도) • 道 (길 도) • 島 (섬 도) • 徒 (무리 도) • 都 (도읍 도) • 圖 (그림 도)	倒 (넘어질 도) • 挑 (휠 도) • 桃 (복숭아나무 도) • 跳 (뛸 도) • 逃 (달아날 도) • 渡 (건널 도) • 陶 (질그릇 도) • 途 (길 도) • 稻 (벼 도) • 導 (이끌 도) • 盜 (훔칠 도) • 塗 (진흙 도)
독	讀 (읽을 독) • 獨 (홀로 독)	毒 (독 독) • 督 (살펴볼 독) • 篤 (도타울 독)
돈		豚 (돼지 돈) • 敦 (도타울 돈)
돌		突 (갑자기 돌)
동	同 (한가지 동) • 洞 (골짜기 동) • 童 (아이 동) • 冬 (겨울 동) • 東 (동녘 동) • 動 (움직일 동)	銅 (구리 동) • 凍 (얼 동)
두	斗 (말 두) • 豆 (콩 두) • 頭 (머리 두)	

	중학교용 900 한자	고등학교용 900 한자
둔		鈍 (무딜 둔) • 屯 (진칠 둔)
득	得 (얻을 득)	
등	等 (가지런할 등) • 登 (오를 등) • 燈 (등잔 등)	騰 (오를 등)
라		羅 (벌릴 라)
락	落 (떨어질 락) • 樂 (즐길 락)	絡 (헌솜 락)
란	卵 (알 란)	亂 (어지러울 란) • 蘭 (난초 란) • 欄 (난간 란)
람		覽 (볼 람) • 濫 (퍼질 람)
랑	浪 (물결 랑) • 郞 (사내 랑)	廊 (복도 랑)
래	來 (올 래)	
랭	冷 (찰 랭)	
략		略 (다스릴 략) • 掠 (노략질할 략)
량	良 (어질 량) • 兩 (두 량) • 量 (헤아릴 량) • 凉 (서늘할 량)	梁 (들보 량) • 糧 (양식 량) • 諒 (믿을 량)
려	旅 (군사 려)	麗 (고울 려) • 慮 (생각할 려) • 勵 (힘쓸 려)
력	力 (힘 력) • 歷 (지낼 력)	曆 (책력 력)
련	連 (잇닿을 련) • 練 (익힐 련)	鍊 (불릴 련) • 憐 (불쌍히 여길 련) • 聯 (잇달 련) • 戀 (사모할 련) • 蓮 (연 련)
렬	列 (벌일 렬) • 烈 (세찰 렬)	裂 (찢을 렬) • 劣 (못할 렬)
렴		廉 (청렴할 렴)
렵		獵 (사냥 렵)
령	令 (명령할 령) • 領 (옷깃 령)	嶺 (재 령) • 零 (떨어질 령) • 靈 (신령 령)
례	例 (법식 례) • 禮 (예도 례)	隸 (종 례)
로	路 (길 로) • 露 (이슬 로) • 老 (늙은이 로) • 勞 (일할 로)	爐 (화로 로)

	중학교용 900 한자	고등학교용 900 한자
록	綠 (초록빛 록)	祿 (복 록) • 錄 (기록할 록) • 鹿 (사슴 록)
론	論 (말할 론)	
롱		弄 (희롱할 롱)
뢰		雷 (우레 뢰) • 賴 (힘입을 뢰)
료	料 (헤아릴 료)	了 (마칠 료) • 僚 (동료 료)
룡		龍 (용 룡)
루		屢 (창 루) • 樓 (다락 루) • 累 (묶을 루) • 淚 (눈물 루) • 漏 (샐 루)
류	柳 (버들 류) • 留 (머무를 류) • 流 (흐를 류)	類 (무리 류)
륙	六 (여섯 륙) • 陸 (뭍 륙)	
륜	倫 (인륜 륜)	輪 (바퀴 륜)
률	律 (법 률)	栗 (밤나무 률) • 率 (헤아릴 률)
륭		隆 (클 륭)
릉	陵 (큰 언덕 릉)	
리	里 (마을 리) • 理 (다스릴 리) • 利 (이로울 리) • 李 (오얏 리)	梨 (배나무 리) • 吏 (벼슬아치 리) • 離 (떼놓을 리) • 裏 / 裡 (속 리) • 履 (밟을 리)
린		隣 (이웃 린)
림	林 (수풀 림)	臨 (임할 림)
립	立 (설 립)	
마	馬 (말 마)	麻 (삼 마) • 磨 (갈 마)
막	莫 (없을 막)	幕 (막 막) • 漠 (사막 막)
만	萬 (일만 만) • 晩 (늦을 만) • 滿 (찰 만)	漫 (질펀할 만) • 慢 (게으를 만)
말	末 (끝 말)	
망	亡 (망할 망) • 忙 (바쁠 망) • 忘 (잊을 망) • 望 (바랄 망)	茫 (아득할 망) • 妄 (망령될 망) • 罔 (그물 망)

	중학교용 900 한자	고등학교용 900 한자
매	每 (매양 매) • 買 (살 매) • 賣 (팔 매) • 妹 (누이 매)	梅 (매화나무 매) • 埋 (묻을 매) • 媒 (중매 매)
맥	麥 (보리 맥)	脈 (맥 맥)
맹		孟 (맏 맹) • 猛 (사나울 맹) • 盟 (맹세할 맹) • 盲 (소경 맹)
면	免 (면할 면) • 勉 (힘쓸 면) • 面 (낯 면) • 眠 (잠잘 면)	綿 (이어질 면)
멸		滅 (멸망할 멸)
명	名 (이름 명) • 命 (목숨 명) • 明 (밝을 명) • 鳴 (울 명)	銘 (새길 명) • 冥 (어두울 명)
모	母 (어미 모) • 毛 (털 모) • 暮 (저물 모)	某 (아무개 모) • 謀 (꾀할 모) • 模 (법 모) • 貌 (얼굴 모) • 募 (모을 모) • 慕 (그리워할 모) • 侮 (업신여길 모) • 冒 (무릅쓸 모)
목	木 (나무 목) • 目 (눈 목)	牧 (칠 목) • 睦 (화목할 목)
몰		沒 (가라앉을 몰)
몽		夢 (꿈 몽) • 蒙 (입을 몽)
묘	卯 (토끼 묘) • 妙 (묘할 묘)	苗 (모 묘) • 廟 (사당 묘) • 墓 (무덤 묘)
무	戊 (다섯째 천간 무) • 茂 (우거질 무) • 武 (굳셀 무) • 務 (일 무) • 無 (없을 무) • 舞 (춤출 무)	貿 (바꿀 무) • 霧 (안개 무)
묵	墨 (먹 묵)	默 (묵묵할 묵)
문	門 (문 문) • 問 (물을 문) • 聞 (들을 문) • 文 (글월 문)	
물	勿 (말 물) • 物 (만물 물)	
미	米 (쌀 미) • 未 (아닐 미) • 味 (맛 미) • 美 (아름다울 미) • 尾 (꼬리 미)	迷 (미혹할 미) • 微 (작을 미) • 眉 (눈썹 미)

	중학교용 900 한자	고등학교용 900 한자
민	民 (백성 민)	敏 (재빠를 민) • 憫 (근심할 민)
밀	密 (빽빽할 밀)	蜜 (꿀 밀)
박	朴 (순박할 박)	泊 (머무를 박) • 拍 (칠 박) • 迫 (닥칠 박) • 博 (넓을 박) • 薄 (엷을 박)
반	反 (되돌릴 반) • 飯 (밥 반) • 半 (반 반)	般 (돌 반) • 盤 (소반 반) • 班 (나눌 반) • 返 (돌아올 반) • 叛 (배반할 반) • 伴 (짝 반)
발	發 (쏠 발)	拔 (뺄 발) • 髮 (터럭 발)
방	方 (모 방) • 房 (방 방) • 防 (막을 방) • 放 (놓을 방) • 訪 (찾을 방)	芳 (꽃다울 방) • 傍 (곁 방) • 妨 (방해할 방) • 倣 (본뜰 방) • 邦 (나라 방)
배	拜 (절 배) • 杯 / 盃 (잔 배)	倍 (곱 배) • 培 (북돋을 배) • 配 (아내 배) • 排 (밀칠 배) • 輩 (무리 배) • 背 (등 배)
백	白 (흰 백) • 百 (일백 백)	伯 (맏 백)
번	番 (차례 번)	煩 (괴로워할 번) • 繁 (많을 번) • 飜 (펄럭일 번)
벌	伐 (칠 벌)	罰 (죄 벌)
범	凡 (무릇 범)	犯 (범할 범) • 範 (법 범)
법	法 (법 법)	
벽		壁 (벽 벽) • 碧 (푸를 벽)
변	變 (변할 변)	辯 (말 잘할 변) • 辨 (분별할 변) • 邊 (가 변)
별	別 (나눌 별)	
병	丙 (남녘 병) • 病 (병 병) • 兵 (군사 병)	竝 (아우를 병) • 屛 (병풍 병)
보	保 (지킬 보) • 步 (걸음 보) • 報 (갚을 보)	普 (널리 보) • 譜 (족보 보) • 補 (도울 보) • 寶 (보배 보)
복	福 (복 복) • 伏 (엎드릴 복) • 服 (옷 복) • 復 (돌아올 복)	腹 (배 복) • 複 (겹칠 복) • 卜 (점 복) • 覆 (뒤집힐 복)

	중학교용 900 한자	고등학교용 900 한자
본	本 (밑 본)	
봉	奉 (받들 봉) • 逢 (만날 봉)	峯 (봉우리 봉=峰) • 蜂 (벌 봉) • 封 (봉할 봉) • 鳳 (봉황새 봉)
부	夫 (지아비 부) • 扶 (도울 부) • 父 (아비 부) • 富 (넉넉할 부) • 部 (거느릴 부) • 婦 (며느리 부) • 否 (아닐 부) • 浮 (뜰 부)	付 (줄 부) • 符 (부신 부) • 附 (붙을 부) • 府 (마을 부) • 腐 (썩을 부) • 負 (질 부) • 副 (버금 부) • 簿 (장부 부) • 赴 (나아갈 부) • 賦 (구실 부)
북	北 (북녘 북)	
분	分 (나눌 분)	紛 (어지러워질 분) • 粉 (가루 분) • 奔 (달릴 분) • 墳 (무덤 분) • 憤 (성낼 분) • 奮 (떨칠 분)
불	不 (아닐 불) • 佛 (부처 불)	拂 (떨 불)
붕	朋 (벗 붕)	崩 (무너질 붕)
비	比 (견줄 비) • 非 (아닐 비) • 悲 (슬플 비) • 飛 (날 비) • 鼻 (코 비) • 備 (갖출 비)	批 (칠 비) • 卑 (낮을 비) • 婢 (여자 종 비) • 碑 (돌기둥 비) • 妃 (왕비 비) • 肥 (살찔비) • 祕 (숨길 비) • 費 (쓸 비)
빈	貧 (가난할 빈)	賓 (손 빈) • 頻 (자주 빈)
빙	氷 (얼음 빙)	聘 (찾아갈 빙)
사	四 (넉 사) • 巳 (뱀 사) • 士 (선비 사) • 仕 (벼슬할 사) • 寺 (절 사) • 史 (역사 사) • 使 (시킬 사) • 舍 (집 사) • 射 (쏠 사) • 謝 (사례할 사) • 師 (스승 사) • 死 (죽을 사) • 私 (사사로울 사) • 絲 (실 사) • 思 (생각할 사) • 事 (일 사)	司 (맡을 사) • 詞 (말씀 사) • 蛇 (뱀 사) • 捨 (버릴 사) • 邪 (간사할 사) • 賜 (줄 사) • 斜 (비낄 사) • 詐 (속일 사) • 社 (토지의 신 사) • 沙 (모래 사) • 似 (같을 사) • 査 (조사할 사) • 寫 (베낄 사) • 辭 (말 사) • 斯 (이 사) • 祀 (제사 사)
삭		削 (깎을 삭) • 朔 (초하루 삭)

	중학교용 900 한자	고등학교용 900 한자
산	山 (뫼 산) • 産 (낳을 산) • 散 (흩어질 산) • 算 (셀 산)	
살	殺 (죽일 살)	
삼	三 (석 삼)	
상	上 (위 상) • 尙 (오히려 상) • 常 (항상 상) • 賞 (상줄 상) • 商 (장사 상) • 相 (서로 상) • 霜 (서리 상) • 想 (생각할 상) • 傷 (상처 상) • 喪 (죽을 상)	嘗 (맛볼 상) • 裳 (치마 상) • 詳 (자세할 상) • 祥 (상서로울 상) • 床 (상 상) • 象 (코끼리 상) • 像 (형상 상) • 桑 (뽕나무 상) • 償 (갚을 상) • 狀 (형상 상)
쌍		雙 (쌍 쌍)
새		塞 (변방 새)
색	色 (빛 색)	索 (찾을 색)
생	生 (날 생)	
서	西 (서녘 서) • 序 (차례 서) • 書 (쓸 서) • 暑 (더울 서)	敍 (차례 서) • 徐 (천천히 할 서) • 庶 (여러 서) • 恕 (용서할 서) • 緖 (실마리 서) • 署 (관청 서) • 誓 (맹세할 서) • 逝 (갈 서)
석	石 (돌 석) • 夕 (저녁 석) • 昔 (옛 석) • 惜 (아낄 석) • 席 (자리 석)	析 (가를 석) • 釋 (풀 석)
선	先 (먼저 선) • 仙 (신선 선) • 線 (줄 선) • 鮮 (고울 선) • 善 (착할 선) • 船 (배 선) • 選 (가릴 선)	宣 (베풀 선) • 旋 (돌 선) • 禪 (봉선 선)
설	雪 (눈 설) • 說 (말씀 설) • 設 (베풀 설) • 舌 (혀 설)	
섭		涉 (건널 섭) • 攝 (당길 섭)
성	姓 (성 성) • 性 (성품 성) • 成 (이룰 성) • 城 (성 성) • 誠 (정성 성) • 盛 (담을 성) • 省 (살	

	중학교용 900 한자	고등학교용 900 한자
	필 성) • 星 (별 성) • 聖 (성스러울 성) • 聲 (소리 성)	
세	世 (세상 세) • 洗 (씻을 세) • 稅 (세금 세) • 細 (가늘 세) • 勢 (기세 세) • 歲 (해 세)	
소	小 (작을 소) • 少 (적을 소) • 所 (바 소) • 消 (사라질 소) • 素 (흴 소) • 笑 (웃을 소)	召 (부를 소) • 昭 (밝을 소) • 蘇 (깨어날 소) • 騷 (떠들 소) • 燒 (불태울 소) • 訴 (하소연 할 소) • 掃 (쓸 소) • 疎 (트일 소) • 蔬 (무성 귀 소)
속	俗 (풍속 속) • 速 (빠를 속) • 續 (이을 속)	束 (묶을 속) • 粟 (조 속) • 屬 (엮을 속)
손	孫 (손자 손)	損 (덜 손)
송	松 (소나무 송) • 送 (보낼 송)	訟 (송사할 송) • 頌 (기릴 송) • 誦 (욀 송)
쇄		刷 (쓸 쇄) • 鎖 (쇠사슬 쇄)
쇠		衰 (쇠할 쇠)
수	水 (물 수) • 手 (손 수) • 受 (받을 수) • 授 (줄 수) • 首 (머리 수) • 守 (지킬 수) • 收 (거 둘 수) • 誰 (누구 수) • 須 (모름지기 수) • 雖 (비록 수) • 愁 (시름 수) • 樹 (나무 수) • 壽 (목숨 수) • 數 (셀 수) • 修 (닦을 수) • 秀 (빼 어날 수)	囚 (가둘 수) • 需 (구할 수) • 帥 (장수 수) • 殊 (다를 수) • 隨 (따를 수) • 輸 (나를 수) • 獸 (짐승 수) • 睡 (잘 수) • 遂 (이를 수) • 垂 (드리울 수) • 搜 (찾을 수)
숙	叔 (아재비 숙) • 淑 (맑을 숙) • 宿 (묵을 숙)	孰 (누구 숙) • 熟 (익을 숙) • 肅 (엄숙할 숙)
순	順 (순할 순) • 純 (순수할 순)	旬 (열흘 순) • 殉 (따라 죽을 순) • 循 (돌 순) • 脣 (입술 순) • 瞬 (눈깜짝일 순) • 巡 (돌 순)
술	戌 (개 술)	述 (지을 술) • 術 (재주 술)
숭	崇 (높을 숭)	
습	習 (익힐 습) • 拾 (주울 습)	濕 (축축할 습) • 襲 (엄습할 습)

	중학교용 900 한자	고등학교용 900 한자
승	乘 (탈 승) • 承 (받들 승) • 勝 (이길 승)	昇 (오를 승) • 僧 (중 승)
시	市 (저자 시) • 示 (보일 시) • 是 (옳을 시) • 時 (때 시) • 詩 (시 시) • 視 (볼 시) • 施 (베풀 시) • 試 (시험할 시) • 始 (처음 시)	矢 (화살 시) • 侍 (모실 시)
씨	氏 (각시 씨)	
식	食 (먹을 식) • 式 (법 식) • 植 (심을 식) • 識 (알 식)	息 (숨쉴 식) • 飾 (꾸밀 식)
신	身 (몸 신) • 申 (원숭이 신) • 神 (귀신 신) • 臣 (신하 신) • 信 (믿을 신) • 辛 (매울 신) • 新 (새 신)	伸 (펼 신) • 晨 (새벽 신) • 愼 (삼갈 신)
실	失 (잃을 실) • 室 (집 실) • 實 (열매 실)	
심	心 (마음 심) • 甚 (심할 심) • 深 (깊을 심)	尋 (찾을 심) • 審 (살필 심)
십	十 (열 십)	
아	兒 (아이 아) • 我 (나 아)	牙 (어금니 아) • 芽 (싹 아) • 雅 (우아할 아) • 亞 (버금 아) • 餓 (굶주릴 아)
악	惡 (악할 악)	岳 (큰 산 악)
안	安 (편안할 안) • 案 (책상 안) • 顔 (얼굴 안) • 眼 (눈 안)	岸 (언덕 안) • 雁 (기러기 안)
알		謁 (뵐 알)
암	暗 (어두울 암) • 巖 / 岩 (바위 암)	
압		壓 (누를 압) • 押 (누를 압)
앙	仰 (우러를 앙)	央 (가운데 앙) • 殃 (재앙 앙)
애	愛 (사랑 애) • 哀 (슬플 애)	涯 (물가 애)
액		厄 (재앙 액) • 額 (이마 액)
야	也 (어조사 야) • 夜 (밤 야) • 野 (들 야)	耶 (어조사 야)

	중학교용 900 한자	고등학교용 900 한자
약	弱 (약할 약) • 若 (같을 약) • 約 (약속할 약) • 藥 (약 약)	躍 (뛸 약)
양	羊 (양 양) • 洋 (바다 양) • 養 (기를 양) • 揚 (오를 양) • 陽 (볕 양) • 讓 (사양할 양)	壤 (흙 양) • 樣 (모양 양) • 楊 (버들 양)
어	魚 (물고기 어) • 漁 (고기 잡을 어) • 於 (어조사 어) • 語 (말씀 어)	御 (어거할 어)
억	億 (억 억) • 憶 (생각할 억)	抑 (누를 억)
언	言 (말씀 언)	焉 (어찌 언)
엄	嚴 (엄할 엄)	
업	業 (업 업)	
여	余 (나 여) • 餘 (남을 여) • 如 (같을 여) • 汝 (너 여) • 與 (줄 여)	予 (나 여) • 輿 (수레 여)
역	亦 (또 역) • 易 (바꿀 역) • 逆 (거스를 역)	譯 (통변할 역) • 驛 (역참 역) • 役 (부릴 역) • 疫 (염병 역) • 域 (지경 역)
연	然 (그러할 연) • 煙 (연기 연) • 硏 (갈 연)	延 (끌 연) • 燃 (탈 연) • 燕 (제비 연) • 沿 (따를 연) • 鉛 (납 연) • 宴 (잔치 연) • 軟 (연할 연) • 演 (연역할 연) • 緣 (인연 연)
열	熱 (더울 열) • 悅 (기쁠 열)	閱 (검열할 열)
염	炎 (불탈 염)	染 (물들일 염) • 鹽 (소금 염)
엽	葉 (잎 엽)	
영	永 (길 영) • 英 (꽃부리 영) • 迎 (맞이할 영) • 榮 (영화로울 영)	泳 (헤엄칠 영) • 詠 (읊을 영) • 營 (경영할 영) • 影 (그림자 영) • 映 (비출 영)
예	藝 (기예 예)	豫 (미리 예) • 譽 (기릴 예) • 銳 (날카로울 예)
오	五 (다섯 오) • 吾 (나 오) • 悟 (깨달을 오) • 午 (낮 오) • 誤 (그르칠 오) • 烏 (까마귀 오)	汚 (더러울 오) • 嗚 (탄식소리 오) • 娛 (즐거워할 오) • 傲 (거만할 오)

	중학교용 900 한자	고등학교용 900 한자
옥	玉 (구슬 옥) • 屋 (집 옥)	獄 (옥 옥)
온		溫 (따뜻할 온)
옹		翁 (늙은이 옹) • 擁 (안을 옹)
와	瓦 (기와 와) • 臥 (누울 와)	
완	完 (완전할 완)	緩 (느릴 완)
왈	曰 (가로 왈)	
왕	王 (임금 왕) • 往 (갈 왕)	
외	外 (밖 외)	畏 (두려워할 외)
요	要 (구할 요)	腰 (허리 요) • 搖 (흔들 요) • 遙 (멀 요) • 謠 (노래 요)
욕	欲 (하고자 할 욕) • 浴 (목욕할 욕)	慾 (욕심 욕) • 辱 (욕보일 욕)
용	用 (쓸 용) • 容 (얼굴 용) • 勇 (날랠 용)	庸 (쓸 용)
우	于 (어조사 우) • 宇 (집 우) • 右 (오른쪽 우) • 友 (벗 우) • 牛 (소 우) • 雨 (비 우) • 憂 (근심할 우) • 又 (또 우) • 尤 (더욱 우) • 遇 (만날 우)	羽 (깃 우) • 郵 (역참 우) • 愚 (어리석을 우) • 偶 (짝 우) • 優 (넉넉할 우)
운	云 (이를 운) • 雲 (구름 운) • 運 (돌 운)	韻 (운 운)
웅	雄 (수컷 웅)	
원	元 (으뜸 원) • 原 (근원 원) • 願 (바랄 원) • 遠 (멀 원) • 園 (동산 원) • 怨 (원망할 원) • 圓 (둥글 원)	員 (관원 원) • 源 (근원 원) • 援 (당길 원) • 院 (담 원)
월	月 (달 월)	越 (넘을 월)
위	位 (자리 위) • 危 (위태할 위) • 爲 (할 위) • 偉 (훌륭할 위) • 威 (위엄 위) •	胃 (밥통 위) • 謂 (이를 위) • 圍 (둘레 위) • 緯 (씨 위) • 衛 (지킬 위) • 違 (어길 위) • 委 (맡길 위) • 慰 (위로할 위) • 僞 (거짓 위)

	중학교용 900 한자	고등학교용 900 한자
유	由 (말미암을 유) · 油 (기름 유) · 酉 (닭 유) · 有 (있을 유) · 猶 (오히려 유) · 唯 (오직 유) · 遊 (놀 유) · 柔 (부드러울 유) · 遺 (끼칠 유) · 幼 (어릴 유)	幽 (그윽할 유) · 惟 (생각할 유) · 維 (맬 유) · 乳 (젖 유) · 儒 (선비 유) · 裕 (넉넉할 유) · 誘 (꾈 유) · 愈 (나을 유) · 悠 (멀 유)
육	肉 (고기 육) · 育 (기를 육)	
윤		閏 (윤달 윤) · 潤 (젖을 윤)
은	恩 (은혜 은) · 銀 (은 은)	隱 (숨길 은)
을	乙 (새 을)	
음	音 (소리 음) · 吟 (읊을 음) · 飮 (마실 음) · 陰 (그늘 음)	淫 (음란할 음)
읍	邑 (고을 읍) · 泣 (울 읍)	
응	應 (응할 응)	凝 (엉길 응)
의	衣 (옷 의) · 依 (의지할 의) · 義 (옳을 의) · 議 (의논할 의) · 矣 (어조사 의) · 醫 (의원 의) · 意 (뜻 의)	宜 (마땅할 의) · 儀 (거동 의) · 疑 (의심할 의)
이	二 (두 이) · 以 (써 이) · 已 (이미 이) · 耳 (귀 이) · 而 (말 이을 이) · 異 (다를 이) · 移 (옮길 이)	夷 (오랑캐 이)
익	益 (더할 익)	翼 (날개 익)
인	人 (사람 인) · 引 (끌 인) · 仁 (어질 인) · 因 (인할 인) · 忍 (참을 인) · 認 (알 인) · 寅 (동방 인) · 印 (도장 인)	姻 (혼인 인)
일	一 (한 일) · 日 (날 일)	逸 (편안할 일)
임	壬 (아홉째 천간 임)	任 (맡길 임) · 賃 (품팔이 임)
입	入 (들 입)	

	중학교용 900 한자	고등학교용 900 한자
자	子 (아들 자) • 字 (글자 자) • 自 (스스로 자) • • 者 (놈 자) • 姉 (손윗누이 자) • 慈 (사랑할 자)	玆 (이 자) • 紫 (자줏빛 자) • 資 (재물 자) • 姿 (맵시 자) • 恣 (방자할 자) • 刺 (찌를 자)
작	作 (지을 작) • 昨 (어제 작)	酌 (따를 작) • 爵 (벼슬 작)
잔		殘 (해칠 잔)
잠		潛 (잠길 잠) • 暫 (잠시 잠)
잡		雜 (섞일 잡)
장	長 (길 장) • 章 (글 장) • 場 (마당 장) • 將 (장차 장) • 壯 (씩씩할 장)	丈 (어른 장) • 張 (베풀 장) • 帳 (휘장 장) • 莊 (장중할 장) • 裝 (꾸밀 장) • 奬 (장려할 장) • 墻 / 牆 (담 장) • 葬 (장사지낼 장) • 粧 (단장할 장) • 掌 (손바닥 장) • 藏 (감출 장) • 臟 (내장 장) • 障 (가로막을 장) • 腸 (창자 장)
재	才 (재주 재) • 材 (재목 재) • 財 (재물 재) • 在 (있을 재) • 栽 (심을 재) • 再 (두 재) • 哉 (어조사 재)	災 (재앙 재) • 裁 (마를 재) • 載 (실을 재) • 宰 (재상 재)
쟁	爭 (다툴 쟁)	
저	著 (나타날 저) • 貯 (쌓을 저) • 低 (밑 저)	底 (바닥 저) • 抵 (거스를 저)
적	的 (과녁 적) • 赤 (붉을 적) • 適 (갈 적) • 敵 (원수 적)	滴 (물방울 적) • 摘 (딸 적) • 寂 (고요할 적) • 籍 (서적 적) • 賊 (도둑 적) • 跡 (자취 적) • 蹟 (자취 적) • 積 (쌓을 적) • 績 (길쌈할 적)
전	田 (밭 전) • 全 (온전할 전) • 典 (법 전) • 前 (앞 전) • 展 (펼 전) • 戰 (싸울 전) • 電 (번개 전) • 錢 (돈 전) • 傳 (전할 전)	專 (오로지 전) • 轉 (구를 전) • 殿 (큰 집 전)
절	節 (마디 절) • 絶 (끊을 절)	切 (끊을 절) • 折 (꺾을 절) • 竊 (훔칠 절)
점	店 (가게 점)	占 (차지할 점) • 點 (점 점) • 漸 (점점 점)
접	接 (사귈 접)	蝶 (나비 접)

	중학교용 900 한자	고등학교용 900 한자
정	丁 (고무래 정) • 停 (머무를 정) • 頂 (정수리 정) • 井 (우물 정) • 正 (바를 정) • 政 (정사 정) • 定 (정할 정) • 貞 (곧을 정) • 精 (정할 정) • 情 (뜻 정) • 靜 (고요할 정) • 淨 (깨끗할 정) • 庭 (뜰 정)	亭 (정자 정) • 訂 (바로잡을 정) • 廷 (조정 정) • 程 (단위 정) • 征 (칠 정) • 整 (가지런할 정)
제	弟 (아우 제) • 第 (차례 제) • 祭 (제사 제) • 帝 (임금 제) • 題 (표제 제) • 除 (덜 제) • 諸 (모두 제) • 製 (지을 제)	提 (끌 제) • 堤 (방죽 제) • 制 (억제할 제) • 際 (사이 제) • 齊 (가지런할 제) • 濟 (건널 제)
조	兆 (조짐 조) • 早 (일찍 조) • 造 (만들 조) • 鳥 (새 조) • 調 (고를 조) • 朝 (아침 조) • 助 (도울 조) • 祖 (조상 조)	弔 (조상할 조) • 燥 (마를 조) • 操 (잡을 조) • 照 (비출 조) • 條 (가지 조) • 潮 (조수 조) • 租 (세금 조) • 組 (끈 조)
족	足 (발 족) • 族 (겨레 족)	
존	存 (있을 존) • 尊 (높을 존)	
졸	卒 (군사 졸)	拙 (졸할 졸)
종	宗 (마루 종) • 種 (씨 종) • 鐘 (종 종) • 終 (끝날 종) • 從 (좇을 종)	縱 (늘어질 종)
좌	左 (왼 좌) • 坐 (앉을 좌)	佐 (도울 좌) • 座 (자리 좌)
죄	罪 (허물 죄)	
주	主 (주인 주) • 注 (물댈 주) • 住 (살 주) • 朱 (붉을 주) • 宙 (집 주) • 走 (달릴 주) • 酒 (술 주) • 晝 (낮 주)	舟 (배 주) • 周 (두루 주) • 株 (그루 주) • 州 (고을 주) • 洲 (섬 주) • 柱 (기둥 주) • 奏 (아뢸 주) • 珠 (구슬 주) • 鑄 (부어 만들 주)
죽	竹 (대 죽)	
준		準 (법도 준) • 俊 (준걸 준) • 遵 (좇을 준)
중	中 (가운데 중) • 重 (무거울 중) • 衆 (무리 중)	仲 (버금 중)

	중학교용 900 한자	고등학교용 900 한자
즉	卽 (곧 즉)	
증	曾 (일찍 증) • 增 (더할 증) • 證 (증거 증)	憎 (미워할 증) • 贈 (보낼 증) • 症 (증세 증) • 蒸 (찔 증)
지	只 (다만 지) • 支 (지탱할 지) • 枝 (가지 지) • 止 (그칠 지) • 之 (갈 지) • 知 (알 지) • 地 (땅 지) • 指 (손가락 지) • 志 (뜻 지) • 至 (이를 지) • 紙 (종이 지) • 持 (가질 지)	池 (못 지) • 誌 (기록할 지) • 智 (지혜 지) • 遲 (늦을 지)
직	直 (곧을 직)	職 (벼슬 직) • 織 (짤 직)
진	辰 (별 진) • 眞 (참 진) • 進 (나아갈 진) • 盡 (다할 진)	振 (떨칠 진) • 鎭 (진압할 진) • 陳 (베풀 진) • 陣 (진칠 진) • 珍 (보배 진) • 震 (진동할 진)
질	質 (바탕 질)	秩 (차례 질) • 疾 (병 질) • 姪 (조카 질)
집	集 (모일 집) • 執 (잡을 집)	
징		徵 (부를 징) • 懲 (혼날 징)
차	且 (또 차) • 次 (버금 차) • 此 (이 차) • 借 (빌 차)	差 (어긋날 차)
착	着 (붙을 착)	錯 (섞일 착) • 捉 (잡을 착)
찬		贊 (도울 찬) • 讚 (기릴 찬)
찰	察 (살필 찰)	
참	參 (간여할 참)	慘 (참혹할 참) • 慙 (부끄러울 참)
창	昌 (창성할 창) • 唱 (노래 창) • 窓 (창 창)	倉 (곳집 창) • 創 (비롯할 창) • 蒼 (푸를 창) • 暢 (펼 창)
채	菜 (나물 채) • 採 (캘 채)	彩 (무늬 채) • 債 (빚 채)
책	責 (꾸짖을 책) • 冊 (책 책)	策 (꾀 책)
처	妻 (아내 처) • 處 (곳 처)	
척	尺 (자 척)	斥 (물리칠 척) • 拓 (열 척) • 戚 (겨레 척)

	중학교용 900 한자	고등학교용 900 한자
천	千 (일천 천) • 天 (하늘 천) • 川 (내 천) • 泉 (샘 천) • 淺 (얕을 천)	賤 (천할 천) • 踐 (밟을 천) • 遷 (옮길 천) • 薦 (천거할 천)
철	鐵 (쇠 철)	哲 (밝을 철) • 徹 (뚫을 철)
첨		尖 (뾰족할 첨) • 添 (더할 첨)
첩		妾 (첩 첩)
청	靑 (푸를 청) • 淸 (맑을 청) • 晴 (갤 청) • 請 (청할 청) • 聽 (들을 청)	廳 (관청 청)
체	體 (몸 체)	替 (바꿀 체) • 滯 (막힐 체) • 逮 (잡을 체) • 遞 (갈마들 체)
초	初 (처음 초) • 草 (풀 초) • 招 (부를 초)	肖 (닮을 초) • 超 (넘을 초) • 抄 (베낄 초) • 礎 (주춧돌 초) • 秒 (초 초)
촉		促 (재촉할 촉) • 燭 (촛불 촉) • 觸 (닿을 촉)
촌	寸 (마디 촌) • 村 (마을 촌)	
총		銃 (총 총) • 總 (거느릴 총) • 聰 (총명할 총)
최	最 (가장 최)	催 (재촉할 최)
추	秋 (가을 추) • 追 (쫓을 추) • 推 (밀 추)	抽 (뽑을 추) • 醜 (추할 추)
축	丑 (소 축) • 祝 (빌 축)	畜 (가축 축) • 蓄 (쌓을 축) • 築 (쌓을 축) • 逐 (쫓을 축) • 縮 (다스릴 축)
춘	春 (봄 춘)	
출	出 (날 출)	
충	充 (찰 충) • 忠 (충성 충) • 蟲 (벌레 충)	衝 (찌를 충)
취	取 (취할 취) • 吹 (불 취) • 就 (이룰 취)	臭 (냄새 취) • 醉 (취할 취) • 趣 (달릴 취)
측		側 (곁 측) • 測 (잴 측)
층		層 (층 층)
치	治 (다스릴 치) • 致 (보낼 치) • 齒 (이 치)	値 (값 치) • 置 (둘 치) • 恥 (부끄러워할 치)

	중학교용 900 한자	고등학교용 900 한자
칙	則 (법칙 칙)	
친	親 (친할 친)	
칠	七 (일곱 칠)	漆 (옻 칠)
침	針 (바늘 침)	侵 (침노할 침) • 浸 (담글 침) • 寢 (잠잘 침) • 沈 (가라앉을 침) • 枕 (베개 침)
칭		稱 (일컬을 칭)
쾌	快 (쾌할 쾌)	
타	他 (다를 타) • 打 (칠 타)	妥 (온당할 타) • 墮 (떨어질 타)
탁		濁 (흐릴 탁) • 托 (밀 탁) • 濯 (씻을 탁) • 卓 (높을 탁)
탄		炭 (숯 탄) • 歎 (탄식할 탄) • 彈 (탄알 탄) • 誕 (태어날 탄)
탈	脫 (벗을 탈)	奪 (빼앗을 탈)
탐	探 (찾을 탐)	貪 (탐할 탐)
탑		塔 (탑 탑)
탕		湯 (끓일 탕)
태	太 (클 태) • 泰 (클 태)	怠 (게으름 태) • 殆 (위태할 태) • 態 (모양 태)
택	宅 (집 택)	澤 (못 택) • 擇 (가릴 택)
토	土 (흙 토)	吐 (토할 토) • 討 (칠 토)
통	通 (통할 통) • 統 (큰 줄기 통)	痛 (아플 통)
퇴	退 (물러날 퇴)	
투	投 (던질 투)	透 (통할 투) • 鬪 (싸움 투)
특	特 (수컷 특)	
파	破 (깨뜨릴 파) • 波 (물결 파)	派 (물 갈래 파) • 播 (뿌릴 파) • 罷 (방면할 파) • 頗 (자못 파) • 把 (잡을 파)

	중학교용 900 한자	고등학교용 900 한자
판	判 (판가름할 판)	板 (널빤지 판) • 販 (팔 판) • 版 (판목 판)
팔	八 (여덟 팔)	
패	貝 (조개 패) • 敗 (패할 패)	
편	片 (조각 편) • 便 (편할 편) • 篇 (책 편)	編 (엮을 편) • 遍 (두루 편) • 偏 (치우칠 편)
평	平 (평평할 평)	評 (평론할 평)
폐	閉 (닫을 폐)	肺 (허파 폐) • 廢 (폐할 폐) • 弊 (폐단 폐) • 蔽 (덮을 폐) • 幣 (비단 폐)
포	布 (베 포) • 抱 (안을 포)	包 (쌀 포) • 胞 (태보 포) • 飽 (배부를 포) • 浦 (물가 포) • 捕 (사로잡을 포)
폭	暴 (사나울 폭)	爆 (터질 폭) • 幅 (너비 폭)
표	表 (겉 표)	票 (표 표) • 標 (표 표) • 漂 (떠돌 표)
품	品 (물건 품)	
풍	風 (바람 풍) • 豊 (풍년 풍)	
피	皮 (가죽 피) • 彼 (저 피)	疲 (지칠 피) • 被 (이불 피) • 避 (피할 피)
필	必 (반드시 필) • 匹 (짝 필) • 筆 (붓 필)	畢 (마칠 필)
하	下 (아래 하) • 夏 (여름 하) • 賀 (하례 하) • 何 (어찌 하) • 河 (물 하)	荷 (연 하)
학	學 (배울 학)	鶴 (학 학)
한	閑 (막을 한) • 寒 (찰 한) • 恨 (한할 한) • 限 (한계 한) • 韓 (나라 이름 한) • 漢 (한수 한)	旱 (가물 한) • 汗 (땀 한)
할		割 (나눌 할)
함		咸 (다 함) • 含 (머금을 함) • 陷 (빠질 함)
합	合 (합할 합)	
항	恒 (항상 항)	巷 (거리 항) • 港 (항구 항) • 項 (목 항) • 抗 (막을 항) • 航 (배 항)

	중학교용 900 한자	고등학교용 900 한자
해	害 (해칠 해) • 海 (바다 해) • 亥 (돼지 해) • 解 (풀 해)	奚 (어찌 해) • 該 (그 해)
핵		核 (씨 핵)
행	行 (다닐 행) • 幸 (다행 행)	
향	向 (향할 향) • 香 (향기 향) • 鄕 (시골 향)	響 (울림 향) • 享 (누릴 향)
허	虛 (빌 허) • 許 (허락할 허)	
헌		軒 (추녀 헌) • 憲 (법 헌) • 獻 (바칠 헌)
험		險 (험할 험) • 驗 (시험할 험)
혁	革 (가죽 혁)	
현	現 (나타날 현) • 賢 (어질 현)	玄 (검을 현) • 絃 (악기 줄 현) • 縣 (고을 현) • 懸 (매달 현) • 顯 (나타날 현)
혈	血 (피 혈)	穴 (구멍 혈)
협	協 (화할 협)	脅 (옆구리 협)
형	兄 (맏 형) • 刑 (형벌 형) • 形 (모양 형)	亨 (형통할 형) • 螢 (반디 형) • 衡 (저울대 형)
혜	惠 (은혜 혜)	慧 (슬기로울 혜) • 兮 (어조사 혜)
호	戶 (지게 호) • 乎 (어조사 호) • 呼 (부를 호) • 好 (좋을 호) • 虎 (범 호) • 號 (부르짖을 호) • 湖 (호수 호)	互 (서로 호) • 胡 (오랑캐 호) • 浩 (클 호) • 毫 (가는 털 호) • 豪 (호걸 호) • 護 (보호할 호)
혹	或 (혹 혹)	惑 (미혹할 혹)
혼	婚 (혼인할 혼) • 混 (섞을 혼)	昏 (어두울 혼) • 魂 (넋 혼)
홀		忽 (소홀히 할 홀)
홍	紅 (붉을 홍)	洪 (큰물 홍) • 弘 (넓을 홍) • 鴻 (큰 기러기 홍)
화	火 (불 화) • 化 (될 화) • 花 (꽃 화) • 貨 (재화 화) • 和 (화할 화) • 話 (말할 화) • 畵 (그림 화) • 華 (빛날 화)	禾 (벼 화) • 禍 (재앙 화)

	중학교용 900 한자	고등학교용 900 한자
확		確 (굳을 확:碻) • 穫 (벼 벨 확) • 擴 (넓힐 확)
환	歡 (기뻐할 환) • 患 (근심 환)	丸 (알 환) • 換 (바꿀 환) • 環 (고리 환) • 還 (돌아올 환)
활	活 (살 활)	
황	黃 (누를 황) • 皇 (임금 황)	況 (하물며 황) • 荒 (거칠 황)
회	回 (돌 회) • 會 (모일 회)	悔 (뉘우칠 회) • 懷 (품을 회)
획		獲 (얻을 획) • 劃 (그을 획)
횡		橫 (가로 횡)
효	孝 (효도 효) • 效 (본받을 효)	曉 (새벽 효)
후	後 (뒤 후) • 厚 (두터울 후)	侯 (제후 후) • 候 (기후 후)
훈	訓 (가르칠 훈)	
훼		毀 (헐 훼)
휘		揮 (휘두를 휘) • 輝 (빛날 휘)
휴	休 (쉴 휴)	携 (가질 휴)
흉	凶 (흉할 흉) • 胸 (가슴 흉)	
흑	黑 (검을 흑)	
흡		吸 (숨 들이쉴 흡)
흥	興 (일어날 흥)	
희	希 (바랄 희) • 喜 (기쁠 희)	戲 (놀이 희) • 稀 (드물 희)

한자쓰기 연습 (1)

학과 _____

학번 _____

이름 _____

控除 공제	控除	控除			
儉素 검소	儉素	儉素			
險難 험난	險難	險難			
點檢 점검	點檢	點檢			
要件 요건	要件	要件			
同伴 동반	同伴	同伴			
建築 건축	建築	建築			
健康 건강	健康	健康			
猛犬 맹견	猛犬	猛犬			
大將 대장	大將	大將			
方丈 방장	方丈	方丈			
太極 태극	太極	太極			
坑道 갱도	坑道	坑道			

抵抗 저항	抵抗	抵抗			
堅實 견실	堅實	堅實			
樹立 수립	樹立	樹立			
決定 결정	決定	決定			
豪快 호쾌	豪快	豪快			
終了 종료	終了	終了			
謝意 사의	謝意	謝意			
變更 변경	變更	變更			
吏房 이방	吏房	吏房			
曳引 예인	曳引	曳引			
競爭 경쟁	競爭	競爭			
兢戒 긍계	兢戒	兢戒			
頃刻 경각	頃刻	頃刻			

頂上 정상	頂上	頂上			
項目 항목	項目	項目			
計算 계산	計算	計算			
訃音 부음	訃音	訃音			
警戒 경계	警戒	警戒			
戎車 융거	戎車	戎車			
季節 계절	季節	季節			
行動 행동	行動	行動			
優秀 우수	優秀	優秀			
階段 계단	階段	階段			
陸地 육지	陸地	陸地			
苦難 고난	苦難	苦難			
若山 약산	若山	若山			

孤獨 고독	孤獨	孤獨			
白狐 백호	白狐	白狐			
疲困 피곤	疲困	疲困			
囚人 수인	囚人	囚人			
因緣 인연	因緣	因緣			
汨沒 골몰	汨沒	汨沒			
宿泊 숙박	宿泊	宿泊			
勸善 권선	勸善	勸善			
權利 권리	權利	權利			
攻擊 공격	攻擊	攻擊			
切斷 절단	切斷	切斷			
技巧 기교	技巧	技巧			
多寡 다과	多寡	多寡			

表裏 표리	表裏	表裏			
行囊 행낭	行囊	行囊			
破壞 파괴	破壞	破壞			
土壤 토양	土壤	土壤			
科目 과목	科目	科目			
料量 요량	料量	料量			
拘束 구속	拘束	拘束			
抱擁 포옹	抱擁	抱擁			
給水 급수	給水	給水			
呼吸 호흡	呼吸	呼吸			
富貴 부귀	富貴	富貴			
責望 책망	責望	責望			
斤量 근량	斤量	斤量			

排斥 배척	排斥	排斥			
自己 자기	自己	自己			
已往 이왕	已往	已往			
巳時 사시	巳時	巳時			
木瓜 목과	木瓜	木瓜			
爪牙 조아	爪牙	爪牙			
肯定 긍정	肯定	肯定			
背信 배신	背信	背信			
棄兒 기아	棄兒	棄兒			
落葉 낙엽	落葉	落葉			

ㄴ					
困難 곤란	困難	困難			
離別 이별	離別	離別			

納入 납입	納入	納入			
紛爭 분쟁	紛爭	紛爭			
奴隷 노예	奴隷	奴隷			
如一 여일	如一	如一			

ㄷ					
短劍 단검	短劍	短劍			
驅步 구보	驅步	驅步			
元旦 원단	元旦	元旦			
且置 차치	且置	且置			
端正 단정	端正	端正			
瑞光 서광	瑞光	瑞光			
轉貸 전대	轉貸	轉貸			
賃金 임금	賃金	賃金			

代用 대용	代用	代用			
討伐 토벌	討伐	討伐			
期待 기대	期待	期待			
侍女 시녀	侍女	侍女			
負戴 부대	負戴	負戴			
積載 적재	積載	積載			
徒步 도보	徒步	徒步			
移徙 이사	移徙	移徙			
首都 수도	首都	首都			
部分 부분	部分	部分			
舞蹈 무도	舞蹈	舞蹈			
踏襲 답습	踏襲	踏襲			

鷄卵	鷄卵	鷄卵			
게란					
卯時	卯時	卯時			
묘시					
潑剌	潑剌	潑剌			
발랄					
刺戟	刺戟	刺戟			
자극					
憐憫	憐憫	憐憫			
연민					
隣近	隣近	隣近			
인근					
首領	首領	首領			
수령					
頒布	頒布	頒布			
반포					
頌歌	頌歌	頌歌			
송가					
輪廻	輪廻	輪廻			
윤회					
輸出	輸出	輸出			
수출					
栗木	栗木	栗木			
율목					

粟豆	粟豆	粟豆			
속두					
倫理	倫理	倫理			
윤리					
埋葬	埋葬	埋葬			
매장					

			□		
沙漠	沙漠	沙漠			
사막					
模範	模範	模範			
모범					
天幕	天幕	天幕			
천막					
墓地	墓地	墓地			
묘지					
日暮	日暮	日暮			
일모					
募集	募集	募集			
모집					
思慕	思慕	思慕			
사모					
末路	末路	末路			
말로					
未來	未來	未來			
미래					

三昧 삼매	三昧	三昧			
味覺 미각	味覺	味覺			
睡眠 수면	睡眠	睡眠			
眼目 안목	眼目	眼目			
免除 면제	免除	免除			
兔皮 토피	兔皮	兔皮			
悲鳴 비명	悲鳴	悲鳴			
嗚咽 오열	嗚咽	嗚咽			
侮辱 모욕	侮辱	侮辱			
後悔 후회	後悔	後悔			
母情 모정	母情	母情			
母論 무론	母論	母論			
慣用句 관용구	慣用句	慣用句			

沐浴	沐浴	沐浴			
목욕					
休息	休息	休息			
휴식					
戊時	戊時	戊時			
무시					
戍樓	戍樓	戍樓			
수루					
甲戌年	甲戌年	甲戌年			
갑술년					
微笑	微笑	微笑			
미소					
徵集	徵集	徵集			
징집					

ㅂ					
拍手	拍手	拍手			
박수					
桐栢	桐栢	桐栢			
동백					
薄明	薄明	薄明			
박명					
帳簿	帳簿	帳簿			
장부					
逼迫	逼迫	逼迫			
핍박					

追憶 추억	追憶	追憶			
白飯 백반	白飯	白飯			
飮料 음료	飮料	飮料			
模倣 모방	模倣	模倣			
看做 간주	看做	看做			
番號 번호	番號	番號			
審査 심사	審査	審査			
罰金 벌금	罰金	罰金			
犯罪 범죄	犯罪	犯罪			
土壁 토벽	土壁	土壁			
完璧 완벽	完璧	完璧			
變化 변화	變化	變化			
攝理 섭리	攝理	攝理			

陰陽	陰陽	陰陽			
음양					
辨明	辨明	辨明			
변명					
辦公費	辦公費	辦公費			
판공비					
博士	博士	博士			
박사					
師父	師父	師父			
사부					
傳授	傳授	傳授			
전수					
普通	普通	普通			
보통					
晉州	晉州	晉州			
진주					
奉養	奉養	奉養			
봉양					
演奏	演奏	演奏			
연주					
興奮	興奮	興奮			
흥분					
奪取	奪取	奪取			
탈취					
貧弱	貧弱	貧弱			
빈약					

貪慾	貪慾	貪慾			
탐욕					
解氷	解氷	解氷			
해빙					
永久	永久	永久			
영구					

한자쓰기 연습 (2)

학과 _____

학번 _____

이름 _____

紳士 신사	紳士	紳士			
土地 토지	土地	土地			
使用 사용	使用	使用			
簡便 간편	簡便	簡便			
奉仕 봉사	奉仕	奉仕			
任務 임무	任務	任務			
取捨 취사	取捨	取捨			
拾得 습득	拾得	拾得			
恩師 은사	恩師	恩師			
將帥 장수	將帥	將帥			
思想 사상	思想	思想			
恩惠 은혜	恩惠	恩惠			
會社 회사	會社	會社			

祭祀 제사	祭祀	祭祀		
調査 조사	調査	調査		
杳然 묘연	杳然	杳然		
殘雪 잔설	殘雪	殘雪		
雲霧 운무	雲霧	雲霧		
干涉 간섭	干涉	干涉		
三陟 삼척	三陟	三陟		
犧牲 희생	犧牲	犧牲		
姓氏 성씨	姓氏	姓氏		
容恕 용서	容恕	容恕		
怒氣 노기	怒氣	怒氣		
棲息 서식	棲息	棲息		
大捷 대첩	大捷	大捷		

分析 분석	分析	分析			
折枝 절지	折枝	折枝			
明晳 명석	明晳	明晳			
哲學 철학	哲學	哲學			
惜別 석별	惜別	惜別			
借用 차용	借用	借用			
宣傳 선전	宣傳	宣傳			
便宜 편의	便宜	便宜			
俗世 속세	俗世	俗世			
餘裕 여유	餘裕	餘裕			
缺損 결손	缺損	缺損			
義捐金 의연금	義捐金	義捐金			
放送 방송	放送	放送			

更迭 경질	更迭	更迭			
書房 서방	書房	書房			
晝夜 주야	晝夜	晝夜			
畵家 화가	畵家	畵家			
衰退 쇠퇴	衰退	衰退			
衷心 충심	衷心	衷心			
哀惜 애석	哀惜	哀惜			
表現 표현	表現	表現			
旋律 선율	旋律	旋律			
實施 실시	實施	實施			
示唆 시사	示唆	示唆			
改悛 개전	改悛	改悛			
要塞 요새	要塞	要塞			

寒食 한식	寒食	寒食		
撒布 살포	撒布	撒布		
貫徹 관철	貫徹	貫徹		
象牙 상아	象牙	象牙		
衆生 중생	衆生	衆生		
精粹 정수	精粹	精粹		
粉碎 분쇄	粉碎	粉碎		
完遂 완수	完遂	完遂		
驅逐 구축	驅逐	驅逐		
授受 수수	授受	授受		
救援 구원	救援	救援		
必須 필수	必須	必須		
順從 순종	順從	順從		

識見 식견	識見	識見			
織物 직물	織物	織物			
職位 직위	職位	職位			
膝下 슬하	膝下	膝下			
勝利 승리	勝利	勝利			
騰落 등락	騰落	騰落			
伸張 신장	伸張	伸張			
仲秋節 중추절	仲秋節	仲秋節			
失敗 실패	失敗	失敗			
嚆矢 효시	嚆矢	嚆矢			
夭折 요절	夭折	夭折			
夜深 야심	夜深	夜深			
探究 탐구	探究	探究			

延期 연기	延期	延期			
朝廷 조정	朝廷	朝廷			
因緣 인연	因緣	因緣			
草綠 초록	草綠	草綠			
沿革 연혁	沿革	沿革			
政治 정치	政治	政治			
鹽田 염전	鹽田	鹽田			
監督 감독	監督	監督			
經營 경영	經營	經營			
螢光 형광	螢光	螢光			
名譽 명예	名譽	名譽			
擧事 거사	擧事	擧事			
汚染 오염	汚染	汚染			

汗蒸 한증	汗蒸	汗蒸			
優雅 우아	優雅	優雅			
幼稚 유치	幼稚	幼稚			
謁見 알현	謁見	謁見			
揭示 게시	揭示	揭示			
信仰 신앙	信仰	信仰			
抑制 억제	抑制	抑制			
厄運 액운	厄運	厄運			
危險 위험	危險	危險			
陶冶 도야	陶冶	陶冶			
政治 정치	政治	政治			
授與 수여	授與	授與			
興亡 흥망	興亡	興亡			

瓦解	瓦解	瓦解			
와해					
相互	相互	相互			
상호					
浴室	浴室	浴室			
욕실					
沿革	沿革	沿革			
연혁					
宇宙	宇宙	宇宙			
우주					
文字	文字	文字			
문자					
熊膽	熊膽	熊膽			
웅담					
世態	世態	世態			
세태					
庭園	庭園	庭園			
정원					
周圍	周圍	周圍			
주위					
威力	威力	威力			
위력					
咸集	咸集	咸集			
함집					
思惟	思惟	思惟			
사유					

推進	推進	推進			
추진					
幼年	幼年	幼年			
유년					
幻想	幻想	幻想			
환상					
遺物	遺物	遺物			
유물					
派遣	派遣	派遣			
파견					
珠玉	珠玉	珠玉			
주옥					
帝王	帝王	帝王			
제왕					
壬辰	壬辰	壬辰			
임진					
凝結	凝結	凝結			
응결					
疑心	疑心	疑心			
의심					
剩餘	剩餘	剩餘			
잉여					
乘車	乘車	乘車			
승차					

子孫	子孫	子孫			
자손					
孑孑	孑孑	孑孑			
혈혈					
姿態	姿態	姿態			
자태					
放恣	放恣	放恣			
방자					
暫時	暫時	暫時			
잠시					
漸次	漸次	漸次			
점차					
無斬	無斬	無斬			
무참					
亭子	亭子	亭子			
정자					
享樂	享樂	享樂			
향락					
亨通	亨通	亨通			
형통					
短杖	短杖	短杖			
단장					
枚擧	枚擧	枚擧			
매거					
書齋	書齋	書齋			
서재					

一齊 일제	一齊	一齊			
戶籍 호적	戶籍	戶籍			
憑藉 빙자	憑藉	憑藉			
眼睛 안정	眼睛	眼睛			
晴天 청천	晴天	晴天			
帝王 제왕	帝王	帝王			
常識 상식	常識	常識			
早起 조기	早起	早起			
寒害 한해	寒害	寒害			
照明 조명	照明	照明			
稀少 희소	稀少	稀少			
前兆 전조	前兆	前兆			
北極 북극	北極	北極			

潮流 조류	潮流	潮流			
湖畔 호반	湖畔	湖畔			
措處 조처	措處	措處			
借款 차관	借款	借款			
終了 종료	終了	終了			
釋尊 석존	釋尊	釋尊			
補佐 보좌	補佐	補佐			
天佑 천우	天佑	天佑			
果實汁 과실즙	果實汁	果實汁			
什長 십장	什長	什長			

ㅊ					
捕捉 포착	捕捉	捕捉			
督促 독촉	督促	督促			

責望	責望	責望			
책망					
靑史	靑史	靑史			
청사					
悤悤	悤悤	悤悤			
총총					
疏忽	疏忽	疏忽			
소홀					
追究	追究	追究			
추구					
退進	退進	退進			
퇴진					
推薦	推薦	推薦			
추천					
堆肥	堆肥	堆肥			
퇴비					
脊椎	脊椎	脊椎			
척추					
貯蓄	貯蓄	貯蓄			
저축					
家畜	家畜	家畜			
가축					
充滿	充滿	充滿			
충만					
允許	允許	允許			
윤허					

衝突 충돌	衝突	衝突			
均衡 균형	均衡	均衡			
拔萃 발췌	拔萃	拔萃			
卒兵 졸병	卒兵	卒兵			
側近 측근	側近	側近			
測量 측량	測量	測量			
惻隱 측은	惻隱	惻隱			
勤飭 근칙	勤飭	勤飭			
裝飾 장식	裝飾	裝飾			
浸透 침투	浸透	浸透			
沈默 침묵	沈默	沈默			
沒入 몰입	沒入	沒入			

ㅌ					
平坦 편탄	平坦	平坦			
但只 단지	但只	但只			
湯藥 탕약	湯藥	湯藥			
渴症 갈증	渴症	渴症			

ㅍ					
弊端 폐단	弊端	弊端			
幣帛 폐백	幣帛	幣帛			
隱蔽 은폐	隱蔽	隱蔽			
爆發 폭발	爆發	爆發			
瀑布 폭포	瀑布	瀑布			

ㅎ					
怨恨 원한	怨恨	怨恨			
限界 한계	限界	限界			

한자쓰기 연습 (2)

肛門 항문	肛門	肛門			
肝腸 간장	肝腸	肝腸			
幸福 행복	幸福	幸福			
辛辣 신랄	辛辣	辛辣			
保護 보호	保護	保護			
收穫 수확	收穫	收穫			
獲得 획득	獲得	獲得			
會談 회담	會談	會談			
曾祖 증조	曾祖	曾祖			
悔改 회개	悔改	悔改			
梅花 매화	梅花	梅花			
呼吸 호흡	呼吸	呼吸			
鼓吹 고취	鼓吹	鼓吹